예수 그리스도의 생애와 사역

제 1 권

네비게이토 출판사

THE LIFE & MINISTRY OF JESUS CHRIST

BOOK I

From His Preexistence and Birth to the Sermon on the Mount

네비게이토 선교회는
국제적이며 복음적인 기독교 기관이다.
예수 그리스도께서는 자기를 따르는 자들에게
"너희는 가서 모든 족속으로 제자를 삼으라"
(마태복음 28:19)는 지상사명을 주셨다.
네비게이토 선교회는 세계 모든 국가에서
예수 그리스도의 일꾼들을 배가시켜
이 지상사명의 성취를 돕는 것을
근본 목표로 하고 있다.

네비게이토 출판사는
네비게이토 선교회의 문서 선교를 담당하고 있다.
본 출판사에서는 그리스도인의 영적 성장을 돕는
서적과 자료들을 출판하여,
그리스도인의 삶의 기초가 견고한
헌신된 제자로 성장하게 하고,
나아가 성숙한 인격과 지도력을 갖춘
일꾼이 되도록 돕고 있다.

THE LIFE AND MINISTRY OF JESUS CHRIST
NavPress
A Ministry of the Navigators
P. O. Box 6000, Colorado Springs,
Colorado 80934, USA
Korean Translation

표지 그림은 목수가 사용하는 대패로, 나사렛의 목수이셨던 예수님의 초기 사역을
상징적으로 나타낸 것입니다.(마태복음 13:55).

차 례

서 문

누가는 사도행전 서두에 다음과 같이 적고 있습니다. "내가 먼저 쓴 글에는 무릇 예수의 행하시며 가르치시기를 시작하심부터…승천하신 날까지의 일을 기록하였노라"(사도행전 1:1-2). 예수 그리스도의 생애와 사역은 세 권으로 된 성경공부 교재로서, 예수님의 행하심과 가르치심, 나아가 예수님의 인격을 배우고 닮는 삶을 돕기 위해 만들어졌습니다.

이 교재는 성경의 진리를 자기 자신의 삶에 적용하는 것을 강조하고 있습니다. 이 공부를 통해 예수님의 삶과 사역에 대한 실제적인 지식을 얻게 될 뿐만 아니라, 자신의 삶이 더욱 더 그리스도를 닮아 변화되어 가는 경험을 하게 될 것입니다. 예수님처럼 생각하고 예수님처럼 행하는 삶을 배움으로써 당신은 더욱 예수님을 닮아 가게 될 것입니다.

이 교재는 A.T. 로버트슨의 *A Harmony of the Gospels*(Harper & Brothers社, 1950)를 기초로 하여 만들어졌습니다. 이 책은 주님의 생애와 사역을 한 눈에 보여주기 위해 예수님의 생애에 있었던 4복음서의 사건들을 연대순으로 배열해 놓고 있습니다. 어떤 사건들, 이를테면 5,000명을 먹이신 기적 등은 4복음서에 모두 기록되어 있으나, 어떤 사건들은 한 곳에만 기록되어 있는 경우도 있는데, 예를 들면 예수님이 니고데모와 대화하신 이야기는 요한복음에만 기록되어 있습니다. 마가복음은 연대순으로 기록되어 있는 반면, 다른 세 복음서, 특히 마태복음은 연대순보다는 주제를 따라 기록되었습니다. 마태복음 10장에 나오는 한 사건은 마태복음 5장에 기록된 사건보다 앞서 일어난 것입니다(96쪽의 도표 참조).

4복음서가 연대적으로 일치하지 않는 것처럼 보이는 또 한 가지 이유는 예수님이 3년 반 동안의 사역 기간에 여러 번 같은 진리들을 가르치셨고, 같은 비유들을 말씀하셨으며, 비슷한 이적들을 행하셨기 때문입니다. 마태는 예수님께서 사역을 시작하실 무렵에 있었던 일에 많은 분량을 할애하여 산상수훈의 내용들을 기록한 반면(마태복음 5장-7장), 누가는 예수님의 비슷한 가르침들을 예수님의 사역 전체에 걸쳐 기록하고 있습니다(누가복음 6:17-49, 11:1-13, 13:22-30). 이런 것들은 서로 모순되는 것들이 아니라 다만 유사한 여러 사건들에 대한 기록인 것입니다.

본 성경공부 교재에서는, 복음서에 기록된 예수님의 생애와 사역 가운데 일어났던 사건들을 모두 다 다룬다는 것은 불가능하기 때문에 주요한 사건들만 다루었습니다. 이 사건들에 대한 공부는 4복음서에 나오는 모든 구절에 대해서 연구하고 토의하는 식으로 진행되는데, 이 책의 뒤에 있는 로버트슨의 '도표로 본 예수 그리스도의 생애와 사역'에 정리된 순서와 성경 구절들을 중심으로 공부를 해나가게 될 것입니다.

이 공부를 통해 얻을 수 있는 유익 가운데 하나는 당신이 이 세 권의 책을 모두 마쳤을 때, 어떤 의미에서는 예수 그리스도의 생애와 사역에 대한 당신 자신의 해설서를 가지게 되는 것입니다. 1권은 2, 3권과 더불어 당신이 필요로 할 때마다 예수님의 삶에 대한 참고서로서 유익하게 쓰일 것입니다. 감추인 보배를 찾듯 성경 말씀을 탐구하고, 묵상하고, 적용함으로써, 이제 당신은 예수 그리스도의 생애와 사역에 대한 당신 자신의 해설서를 쓰게 되는 것입니다.

1권에서는 예수님의 탄생 이전과 탄생으로부터 산상수훈을 주시기까지의 일들에 대해 공부합니다. 1권은 6장에 걸쳐 예수님의 초기 사역, 즉 무리들 가운데서 병을 고치시고, 가르치시고, 제자들을 불러 세우신 흥미진진한 사역에 초점을 맞추고 있습니다. 이 시기는 주님께서 무리와 함께하신 시기였습니다.

이 공부를 통해 당신은 오늘날 당신의 삶과 사역을 위한 많은 교훈들을 발견하며, 교훈들을 당신이 처한 상황에 맞게 적용할 수 있을 것입니다. 이 1권은 "두루 다니시며 착한 일을 행하시고… 고치신"(사도행전 10:38) 예수님을 잘 보여 줄 것입니다.

공부하는 방법

기도는 이 공부를 통해서 최대의 유익을 얻기 위한 열쇠입니다. 공부를 할 때마다 기도로써 주님의 도우심을 구하십시오.

성경 말씀의 의미를 잘 깨달을 수 있는 영적인 지혜와, 그 진리를 당신 자신의 삶에 적용할 수 있는 지혜를 주시도록 기도하십시오.

참고 자료

당신이 공부할 것은 성경 그 자체로서, 4복음서와 사도행전 1장입니다. 그러나 이 성경공부에 필요한 모든 자료를 성경에서 다 찾을 수는 없으므로, 참고 자료들이 도움이 될 것입니다. 다음과 같은 몇 가지를 추천합니다.

1. 성서 사전 또는 성서 백과 사전
2. 최신 성서 지도
3. 성서 핸드북
4. 관주 성경
5. 성구 사전
6. A Harmony of the Gospels

이에 대한 몇 가지 자료들이 각주와 참고 문헌란(95쪽)에 소개되어 있습니다.

지 도

각 장 첫머리에 팔레스틴의 일부 지역을 나타낸 지도가 있습니다. 이 지도 위에 1세기 팔레스틴 지방에서 예수님의 사역이 이루어졌던 지역의 위치나 지명을 기록해 나갈 것입니다. 제1권 1장과 제3권 4장에는 예수님 당시의 세계를 전반적으로 알아보기 위해 다른 장들과 달리 팔레스틴 지역 전체를 보여 주는 지도가 소개되어 있습니다. 그 밖의 지도들은 각 장별로 그 장에 나타난 특정한 지역들만을 찾아보도록 되어 있습니다.

당신이 공부하고 있는 지역에서 무슨 일이 일어나고 있는가를 실감나게 느끼기 위해, 공부를 시작할 때 지도의 빈곳을 채워 완성하십시오. 이를 통해서 예수님과 제자들의 사역의 실상과 활동 반경을 보다 현장감 있게 파악할 수 있을 것입니다.

교재 뒤에 나와 있는 지도를 활용하면 각 도시와 지역의 위치를 파악하는 데 도움이 될 것입니다. 물론 팔레스틴 지역과 그 밖에 성경에 언급되어 있는 중요한 지역들이 잘 나타나 있는 크고 자세한 세계 전도를 참조해도 좋습니다.

문 제

이 공부에 나오는 문제들은 예수님의 행적과 대화 이면에 있는 내용들을 좀더 깊이 있게 생각할 수 있도록 해줄 뿐 아니라, 사실적인 정보를 제공해 줄 것입니다. "왜" 또는 "어떻게"라는 질문에 답하기 위해서는 때로 창조적이고 진취적인 사고가 필요할 것입니다. 어떤 문제의 여백들은 다 채울 필요가 없는 것들도 있습니다. 의견을 묻는 질문도 있는데, 이것은 옳고 그름을 가리자는 것이 아니고 토의에 활력을 불어넣기 위한 것입니다.

각 단락마다 주제와 연관된 본문이 하나 또는 그 이상 제시되어 있습니다. 예를 하나 들어 보겠습니다.

마가복음 6:30-44 요한복음 6:1-13

5,000명을 먹이신 것을 주제로 한 이 단락에서는 마가복음 6:30-44과 요한복음 6:1-13을 가지고 공부를 하게 됩니다.

어떤 문제는 여러 부분으로 나뉘어 있습니다. 그럴 경우 답은 각 표제의 다음에 계속해서 기록하면 됩니다. 예를 들면 다음과 같습니다:

16. 무리의 필요에 대해 제자들과 예수님은 각각 어떤 반응을 보였는지 비교해 보십시오(마가복음 6:30-44).

제자들의 반응(35-36절) 그들은 "이곳은 빈 들이요, 때도 저물어 가니 무리를 보내어 두루 촌과 마을로 가서 무엇을 사 먹게 하옵소서"라고 말했다.

예수님의 반응(34절) 예수님은 무리의 영적인 필요를 채워 주셨다. 예수님은 큰 무리를 보시고 불쌍히 여기사 여러 가지로 가르치셨다.

(41-42절) 예수님은 기적적인 방법으로 그들의 육체적인 필요를 채우셨다.

개인 적용

삶에 적용하지 않으면 성경공부는 별로 유익이 없습니다. 이 공부는 다음과 같이 3가지 면으로 개인 적용을 도와줍니다.

1. 장마다 구체적인 적용을 위한 문제가 들어 있습니다.

2. 장마다 "그리스도의 마음"이라는 단락으로 끝나는데, 그리스도께서 말씀하시고 행하신 바에 대해 묵상하고 적용하게 됩니다. 여기에는 다음과 같은 질문이 들어 있습니다.

   (1) 예수님께서는 어떤 행동을 취하셨는가?
   (2) 그의 행동 이면에 있는 생각은 무엇인가?
   (3) 그가 보이신 성품은 무엇인가?

3. 마지막으로 그 장에서 나오는 사실이나 사건과 연관해 개인적으로 적용할 내용을 찾아보는 것입니다.

개인 기록

이 교재의 한 가지 특징은 교재 오른쪽 여백에 개인 기록란이 마련되어 있다는 것입니다. 이 난에는 공부하면서 또는 성경공부 모임에 참가하여 토의하는 중에 깨달은 내용이나 떠오르는 생각들을 기록하십시오. 몇 가지 예를 들면 다음과 같습니다.

1. 정의 - 이해하지 못하는 단어나 개념들을 정의하십시오.
2. 적용 - 공부해 나가면서 당신의 삶에 적용하고 싶은 것들을 적어 놓으십시오.
3. 참조 구절 - 공부하고 있는 내용과 연관된 다른 구절의 장절을 적어 놓으십시오.
4. 관찰 - 공부해 나가면서 떠오르는 착상, 발견 또는 관찰 사항들을 기록하십시오.
5. 질문 - 의문점, 어려운 점, 문제점, 이해되지 않는 점들을 모두 적으십시오. 나중에 그것들을 따로 공부하거나 그렇지 않으면 더 명확히 알기 위해서 함께 토의할 때 나눌 수도 있을 것입니다.
6. 공부할 과제 - 앞으로 좀더 공부하기를 원하는 사항들을 간단히 적어 놓으십시오.

공부를 해 나가다 보면 개인 기록란의 기록 예들을 보게 될 것입니다. 6가지 부류의 예들이 제1장에 전부 소개되어 있습니다.

문제들에 답해 나갈 때 이 난에 간단히 적어 넣을 수도 있고, 또는 한 단락이나 한 장 전체를 마친 후에 죽 훑어보면서 기록할 수도 있습니다. 또는 두 가지 방법을 병행해 사용할 수도 있을 것입니다.

예수 그리스도의 생애와 사역 제1권에는 그리스도인들에게 있어야 할 다음과 같은 요소들이 강조되어 있습니다.

1장 - 주님께 경배하며 감사하는 태도
2장 - 순종
3장 - 인내

이 교재가 만들어진 과정-팀의 수고로 얻은 열매

이 성경공부 교재는 어느 한 사람의 수고로 된 것이 아닙니다. 주님을 섬기고 있는 수많은 형제 자매들, 곧 예수님의 생애와 사역에 관한 성경공부 교자의 필요성을 깨닫고 원고를 집필하고 토의하고 검증해 완성한 네비게이토 선교회 간사 팀의 수고로 이루어진 결실입니다. 초고는 세계 곳곳의 선교 현장에서 일하는 간사들과 회원들의 현장 시험을 통해 많은 의견들을 듣고 보완하였습니다. 이것을 기초로 하여 두 번째 원고를 만들었으며, 그 원고는 다시 현장 테스트를 거쳐 추가로 보완하고 검토하였습니다. 그리고 나서는 편집자와 팀을 다른 사람들르 구성해 마지막 원고 정리를 마쳤습니다. 문제의 답을 쓰는 양식에 대한 현장 테스트에는 또 다른 일꾼들의 도움을 받았으며, 또 이 공부에 관심을 가진 많은 사람들이 원고를 읽고 귀중한 조언들을 보내 주었습니다.

열심히 기도해 주시고 수고해 주신 모든 분께 진심으로 감사드립니다. 이것은 성령의 지도하심 아래 연합된 한 팀의 노력의 산물입니다. 성경의 저자이시며, 모든 믿는 자들에게 그 말씀을 가르치시고 풀어 주시며, 은사를 나눠 주시는 성령께서 특별한 방법으로 각 과정 과정을 지도하셨습니다. 성령께서 이 교재를 통해 우리들의 삶 가운데서 예수 그리스도를 드러내고 영화롭게 하시리라 믿습니다.

> "내가 아직도 너희에게 이를 것이 많으나 지금은 너희가 감당치 못하리라. 그러하나 진리의 성령이 오시면 그가 너희를 모든 진리 가운데로 인도하시리니, 그가 자의로 말하지 않고 오직 듣는 것을 말하시며 장래 일을 너희에게 알리시리라. 그가 내 영광을 나타내리니 내 것을 가지고 너희에게 알리겠음이니라. 무릇 아버지께 있는 것은 다 내 것이라. 그러므로 너가 말하기를 그가 내 것을 가지고 너희에게 알리리라 하였노라." (요한복음 16:12-15)

제 1 장

그리스도께서 오시기까지의 배경

1 세기의 팔레스틴

1세기 팔레스틴의 주요 지역 및 도시의 위치를 표시하고 그 지명을 쓰십시오.

1. 데가볼리
2. 갈릴리
3. 유대
4. 베레아
5. 베니게
6. 사마리아
7. 수리아
8. 베들레헴
9. 가이사랴빌립보
10. 가버나움
11. 예루살렘
12. 나사렛

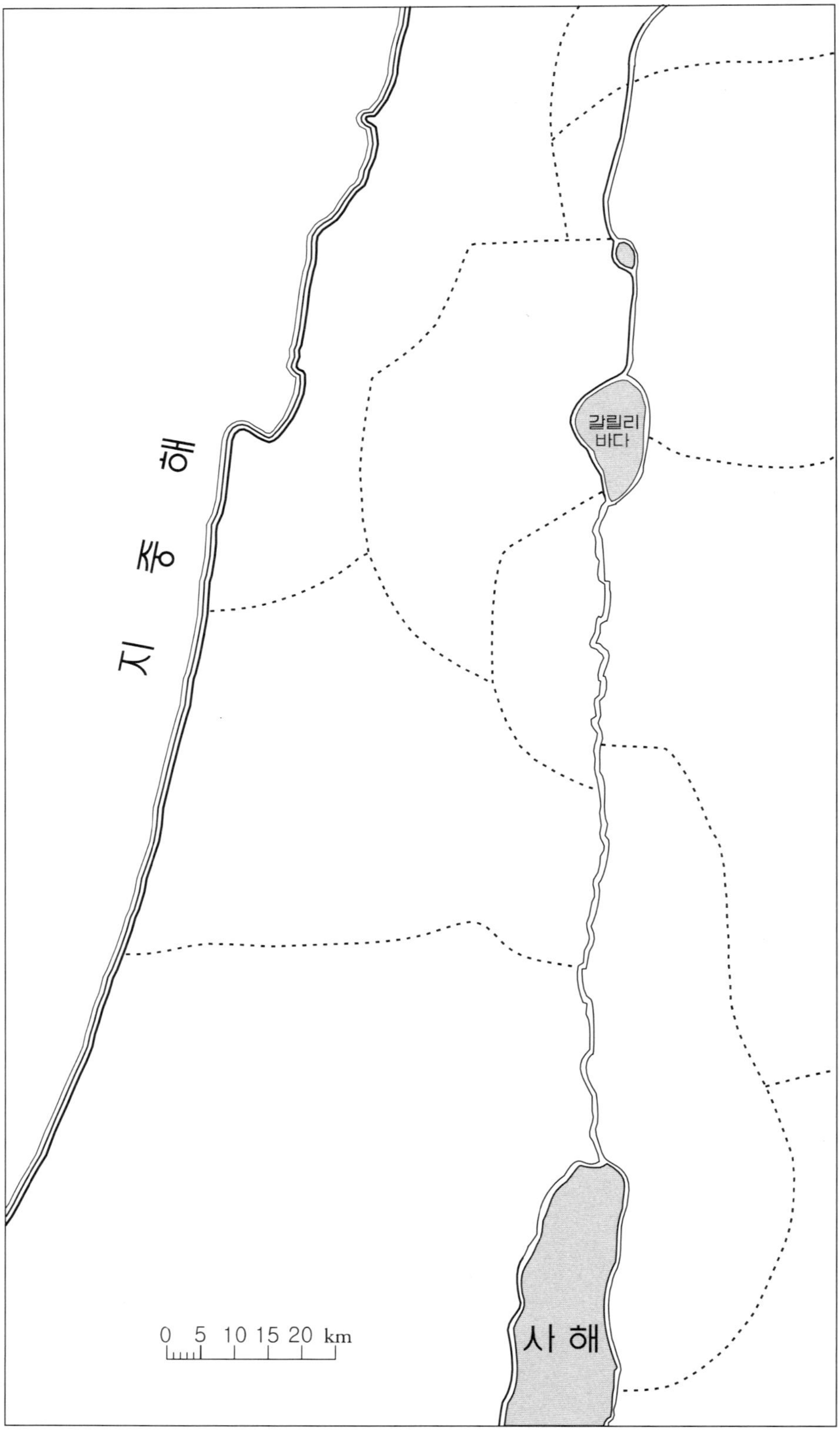

그리스도께서 오시기까지의 배경

옛적에 선지자들로 여러 부분과 여러 모양으로 우리 조상들에게 말씀하신 하나님이 이 모든 날 마지막에 아들로 우리에게 말씀하셨으니 이 아들을 만유의 후사로 세우시고 또 저로 말미암아 모든 세계를 지으셨느니라.
히브리서 1:1-2

"구약성경은 한 민족(히브리 민족)에 대한 이야기입니다. 신약성경은 한 사람(사람의 아들:人子)에 대한 이야기입니다. 하나님께서는 이 사람을 세상에 보내기 위해서 그 민족을 세우시고 인도하셨습니다(창세기 12:1-3).

"하나님이 친히 사람이 되셔서 우리로 하여금 하나님이 어떤 분이신지를 알 수 있게 해주셨습니다. 그가 세상에 오신 사건이야말로 모든 역사의 중심이 되는 사건입니다. 구약성경은 그 무대가 되며, 신약성경은 그 사건에 대한 해설입니다.

"모든 성경은 그리스도의 이야기와 그리스도께서 인간에게 주신 영원한 생명의 약속을 중심으로 이루어졌습니다. 성경은 다만 우리가 그를 믿고 이해하며, 알고 사랑하고 또한 따를 수 있도록 하기 위해 기록되었습니다."[1]

메시야가 오신다는 예언

예수 그리스도께서 인간의 역사 가운데 들어오신 것은 예고 없이 일어난 돌발 사건이 아니었습니다. 그것은 인간 역사의 시작과 더불어 메시야가 오실 것을 예언하신 말씀(창세기 3:15)에서 시작하여 끊임없이 이어져 온 수많은 예언의 말씀들이 드디어 성취된 것이었습니다. 그리스도께서 인간의 형상을 입고 오신 것은 창세 전에 계획된 일이었습니다(베드로전서 1:20).

정의:
"기름부음 받은 자"란 특별한 책임을 감당하도록 임명된 사람을 뜻합니다.

인간이 하나님께 불순종하여 하나님으로부터 분리된 이래로, 인간은 은혜와 긍휼을 바탕으로 하는 새로운 관계를 필요로 하게 되었습니다. 그래서 하나님께서는 인간을 죄로부터 구속하실 메시야, 즉 하나님의 "기름부음 받은 자"의 오심을 준비하셨습니다. 신약성경의 "그리스도"라는 말은 히브리어 구약성경의 "메시야"와 같은 말입니다.

1. Reprinted from *What the Bible Is All About* by Henrietta C. Mears, pages 12-13. © 1966 by Gospel Light Publications, Glendale, CA 91209. Used by permission.

1. 구세주(예수 그리스도)에 대한 약속을 처음으로 언급한 곳은 창세기 3:15입니다. 이 구절을 찾아 아래 네 부분의 의미를 기록하십시오.

	의미
"내가 너로 여자와 원수가 되게 하고	
너의 후손도 여자의 후손과 원수가 되게 하리니	
여자의 후손은 네 머리를 상하게 할 것이요	
너는 그의 발꿈치를 상하게 할 것이니라."	

2. 구약성경에 나오는 다음 약속들의 주요 요지는 무엇입니까?

민족 – 아브라함(창세기 12:1-3, 15:5-6)

창세기 12:2

창세기 12:3

창세기 15:5

지파 – 유다(창세기 49:10)

질문:
창세기 15:6은 "아브람이 여호와를 믿으니 여호와께서 이를 그의 의로 여기시고"라고 말합니다. 당신이 주장하는 하나님의 약속은 무엇입니까?

가계-다윗(사무엘하 7:16)

____

____

____

수세기에 걸쳐 이스라엘의 선지자들은 메시야의 생애에 대한 구체적인 예언을 했습니다. 구약의 예언은 그것을 기록하거나 말한 선지자에게서가 아니라 하나님께로부터 나온 것입니다. 이사야 51:16에서 하나님은 "내가 내 말을 네 입에 두고"라고 말씀하십니다. 하나님께서는 선지자들을 통해 말씀하셨으며, 그들의 단기적인 예언을 성취하심으로써 그들의 예언의 진실성을 확증시켜 주셨습니다.

그들의 단기적인 예언들이 그대로 성취된 것처럼 메시야에 관한 장기적인 예언들도 반드시 그대로 이루어질 것입니다. 구약성경에 나사렛 예수에 관한 예언은 300번 이상이 나오지만, 우리는 여기서 그 예언들 가운데 극히 일부만을 살펴보게 될 것입니다.

3. 이사야 9:6-7에 나와 있는 메시야로서의 특성들은 무엇입니까?

종족(국적 또는 민족) ______________________________

____

____

성별 ______________________________________

____

____

명칭 ______________________________________

____

____

적용:
예수님은 당신에게 이 명칭들과 같은 분이 되고 있습니까?

왕권 ______________________________________

____

____

통치 기간 __________________________________

____

____

통치의 성격 ________________________________

____

____

4. 동방 박사들이 "유대인의 왕"으로 나신 이를 찾아 헤롯 왕에게 갔을 때(마태복음 2:2), 그들은 메시야가 유대 베들레헴에서 태어난다는 예언(미가 5:2)에 대해 들었습니다. 주전 700년경의 이 예언이 그렇게 놀라운 이유는 무엇이라고 생각합니까?

메시야의 세 가지 직분

구약성경은 메시야가 선지자요, 제사장이요, 왕으로 오신다는 것을 보여 주고 있습니다.

선지자 - 하나님께서 주신 말씀을 선포함

5. 하나님께서는 장차 올 선지자와 그의 역할에 대해 어떻게 말씀하셨습니까?(신명기 18:15-19)

신명기 18:18

예수님은 이 예언을 어떻게 성취하셨습니까?(요한복음 12:49)

제사장 - 사람들을 대신해서 하나님께 기도와 감사와 제물을 드림

이스라엘의 전체 역사를 통하여 제사장은 하나님과 사람 사이에 필요한 중보자의 역할을 했습니다. 희생제물은 죄를 속죄하기 위해서는 반드시 값을 치러야 한다는 사실을 백성들에게 일깨워 주었습니다.

6. 이사야 52:13-53:12을 읽고, 오실 메시야가 우리의 제사장으로서 우리 죄를 위한 완전한 제물로서 어떻게 자신을 십자가에서 드리실 것으로 기록되어 있는지 살펴 보십시오.

   이사야 53:4상 ______

   이사야 53:5상 ______

   이사야 53:6하 ______

   오늘날 우리의 대제사장은 누구시며 또 어디에 계십니까?(히브리서 8:1)

   누구? ______

   어디에? ______

왕 - 큰 권세를 가짐

7. 나단이 다윗에게 한 메시야의 왕권에 관한 예언의 내용은 무엇입니까?(사무엘하 7:4-17)

   사무엘하 7:16 ______

메시야의 신성(神性)

요한복음 1:1-18

요한복음의 첫머리에서는 메시야가 가지신 신성을 잘 보여 줍니다.

8. 요한이 예수님의 신성과 선재(先在)하심에 대해 말하고 있는 바는 무엇입니까?

요한복음 1:1 ______________________________

____

요한복음 1:3 ______________________________

____

요한복음 1:4 ______________________________

____

참조 구절:
빌립보서 2:6-7
골로새서 1:15-20

9. 예수님에 대해 이렇게 기록한 이유는 무엇이라고 생각합니까?(요한복음 20:31)

____

____

____

____

메시야의 가계(家系)

마태복음 1:1-17 누가복음 3:23하-38

하나님은 그의 약속들을 특정한 사람들에게 주셔서, 예수님이 오셨을 때에 그가 메시야임을 분명히 알 수 있도록 하셨습니다. 마태복음과 누가복음에 나와 있는 예수님의 가계는 예수님이 오래 전부터 약속되었던 메시야라는 사실을 입증해 줍니다.

마태복음은 아브라함으로부터 시작해 예수님의 법적인 아버지인 요셉에 이르기까지 메시야의 법적, 혹은 왕족으로서의 계보를 보여 줍니다. 이 복음서는 주로 유대인들을 대상으로 쓰여졌습니다.

누가복음은 아담으로부터 시작하여 예수님의 육신의 어머니인 마리아의 가계에 대한 기록으로 주로 이방인들을 위해 쓰여졌습니다.

두 계보는 아브라함부터 다윗까지는 동일한데, 이스라엘의 위대한 왕이었던 다윗의 두 아들로부터 계보가 갈라집니다. 이 둘은 바벨론 포로 기간 동안에 네리의 아들이며 여고냐(또는 고니야)의 양자인 스알디엘로 다시 합쳐졌다가, 스룹바벨의 아들들에서 다시 나뉘어집니다.

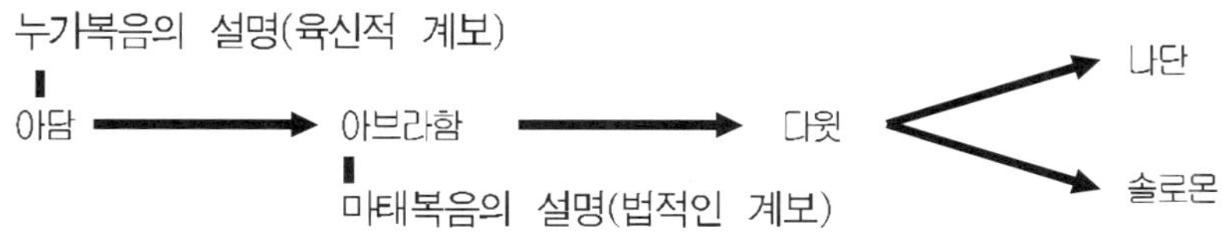

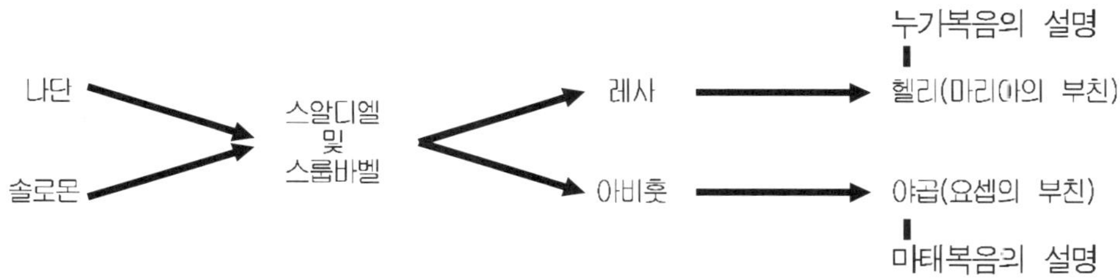

중간 중간에 의도적으로 제외시킨 세대도 있습니다. 마태는 14세대를 한 그룹으로 구분하기 위해 가끔씩 몇 세대를 의도적으로 생략한 것입니다. ("… 의 아들"이라 함은 그 후손을 의미할 수도 있습니다.) 이스라엘에서 계보는 공적인 문서였으며, 유대인들은 예수님의 계보에 대해 전혀 의문을 제기하지 않았습니다. 많은 사람들이 성경을 읽을 때에 이 부분을 건너뜀으로 말미암아 메시야의 가계에 나타난 많은 흥미 있는 인물들을 간과하게 됩니다. 예를 들어 마태복음의 계보를 주의 깊게 살펴보면 하나님께서 어떻게 유대인과 이방인, 남자와 여자, 의인과 죄인 사이의 장벽들을 허무시는가를 볼 수 있습니다.

지리적인 배경

예수님을 더 잘 알기 위해서는 예수님 당시의 팔레스틴 지리를 알고 이해하는 것이 중요합니다. 그렇게 할 때 뜨거운 태양 아래 지친 몸을 이끌고 먼 길을 걸으셨던 예수님의 심정을 조금이라도 더 이해할 수 있을 것입니다. 예수님께서 사역을 하신 곳을 알면 예수님의 사역을 보다 생생하게 이해할 수 있습니다.

16쪽에 있는 지도 위에 1세기 팔레스틴 지방의 주요 행정구역 및 도시들을 찾아 표시하십시오. 또한 도시간의 거리를 대략 기록하십시오.

복음서의 저자들

마가복음 1:1 누가복음 1:1-4

복음서의 저자들은 예수님의 생애와 사역 가운데서 각기 자신의 기록 목적에 맞는 사건들을 택해서 기록하였습니다. 두 사람 이상의 저자가 같은 사건을 기록했을 때, 그 기사들은 보는 관점과 내용에서 일치하지 않는 수가 있습니다. 이는 저자들이 똑같은 사실을 잘못 보았기 때문이 아니라, 그들이 예수님과 맺고 있는 관계가 서로 다르고 그 기록하는 목적이 달랐기 때문입니다.

각 저자의 배경과 예수님과의 관계

10. 다음 각 사람들이 예수님의 이야기를 정확하게 기록할 수 있었던 배경은 무엇입니까? (성서 사전이나 핸드북을 참조하십시오.)

마태 ______________________________

____

____

마가 ______________________________

____

____

누가 ______________________________

____

____

요한 ______________________________

____

____

각 복음서의 강조점과 대상

저자들은 서로 다른 부류의 사람들에게 예수님이 그리스도이심을 알리려고 했기 때문에, 각 복음서마다 그 강조점이 서로 다릅니다. 마태복음은 주로 유대인들을 대상으로 기록되었는데, 왕으로서의 예수님을 강조하고 있습니다. 이 저자의 접근 방법은 예수님께서 구약성경의 예언들을 성취하시는 것을 보여 주고, 예수님의 가르침을 주제별로 기록하며, 또한 바리새인과 대비해 예수님을 드러내 보여 주는 것이었습니다.

마가복음은 주로 로마인들을 대상으로 기록되었는데, 종으로서의 예수님을 강조하고 있습니다. 마가는 예수님의 가르침보다는 행하신 일들을 많이 기록했고, 유대인의 전통들을 설명했으며, 예수님의 능력과 권위에 중점을 두었습니다.

누가복음은 헬라인들이나 헬라의 사고 방식을 가진 이방인들을 대상으로 쓰여졌으며, 진정한 한 인간으로서의 예수님을 강조하고 있습니다. 이 복음서는 학적이고 역사적이며, 인간의 필요들을 다루고 있고, 하나님의 아들의 인간적인 측면을 보여주고 있습니다.

요한복음은 일반적인 세상 사람들을 위하여 쓴 것으로 예수님이 하나님이심을 강조하고 있습니다. 저자는 예수님이 성육신하신 하나님의 아들이심을 강조하고, 행하신 일보다는 가르침에 초점을 맞추고 있습니다.

각 복음서의 기록 목적

11. 각 복음서의 첫머리는 저자들의 기록 목적을 이해하는 데 어떤 도움을 주고 있습니까?

마태복음 1:1,16 ____________________

____

____

마가복음 1:1 ____________________

____

____

누가복음 1:3-4 ____________________

____

____

요한복음 1:1-4, 20:30-31 ____________________

____

____

____

두 가지 약속

하나님은 약 400년 동안 이상하리만큼 침묵을 지키셨습니다. '신구약 중간시대'라고 부르는 이 기간 동안에는 말씀을 전한 천사나 선지자가 아무도 없었습니다. 이제 그 침묵을 깨고 천사들이 하나님으로부터 약속을 받아 가지고 나타났습니다. 마침내 "때가 차매"(갈라디아서 4:4), 메시야와 그에 앞서 길을 예비하는 자가 오게 되었습니다. (세례 요한과 예수님의 탄생에 대해서는 둘 다 천사들이 알려 주었습니다.)

사가랴와 엘리사벳에게 주신 약속

누가복음 1:5-25

"사가랴는 성전 제사를 담당하는 24 제사장 반열 중의 하나인 아비야 반열에 속한 사람이었습니다(역대상 24:10). 이 반열들은 차례로 돌아가면서 제사 의식을 집행했는데 반열에 속한 각 사람은 대체로 일생에 한 번 제사를 주관하는 특권을 가졌습니다(역대상 24:19). 분향 드리는 기회야말로 사가랴의 일생에서 가장 중요한 시기였습니다. 이때가 아니고는 성전 성소에 들어가 제사를 드릴 수 없었기 때문입니다. 그곳에는 향단이 있고 그 뒤로 신비한 휘장이 지성소를 가리고 있었습니다."[2]

12. 사가랴와 엘리사벳의 성품을 설명해 보십시오.

누가복음 1:6 ______________________________

____

____

____

____

질문:
오늘날 우리는 어떻게 "하나님 앞에 의인"이 될 수 있습니까?

사가랴와 엘리사벳은 늙고 자식이 없었습니다. 이것은 유대인들 사이에서는 수치로 여겨졌습니다. 랍비들은 '자식이 없는 사람은 죽은 자와 같다'라고까지 말했습니다.

유대인들은 자손을 언제나 하나님께서 주신 복이며 가장 귀한 기업으로 여겼습니다. 시편 127편에서는 다음과 같이 노래했습니다. "자식은 여호와의 주신 기업이요, 태의 열매는 그의 상급이로다."

13. 사가랴와 엘리사벳은 자식이 없는 수치에 대하여 어떤 반응을 보였습니까?(누가복음 1:13-25)

누가복음 1:13 ______________________________

____

____

누가복음 1:25 ______________________________

____

____

질문:
크게 실망스러운 일이 있을 때 당신은 어떤 반응을 나타냅니까?

2. Merrill C. Tenney, *New Testament Times*(Grand Rapids, Michigan: William B. Eerdmans Publishing Company, 1965), page 139.

14. 그들에게 약속된 아들은 어떤 특별한 일을 수행하기로 되어 있었습니까?

누가복음 1:16 ______________________________

____

____

누가복음 1:17 ______________________________

____

____

마리아에게 주신 약속

누가복음 1:26-38

누가는 아마도 복음서를 쓰기 전에 마리아와 개인적으로 이야기를 나눈 것 같습니다. 그는 마리아의 깊은 내적 경험, 부르심, 두려움, 순복 및 넘치는 기쁨 등에 대하여 기록하고 있습니다.

15. 천사가 전하여 준 말의 주된 요지는 무엇이었습니까?

누가복음 1:31 ______________________________

____

____

누가복음 1:32-33 ______________________________

____

____

공부할 과제:
천사에 대해 공부해 보십시오.

16. 천사의 전해 주는 말을 들으면서 마리아의 태도는 점점 어떻게 변화되어 갔습니까?

누가복음 1:29 ______________________________

____

누가복음 1:30 ______________________________

____

누가복음 1:34 ______________________________

____

누가복음 1:38 ______________________________

____

질문:
누가복음 1:37 말씀이 당신 자신에게 의미하는 바는 무엇입니까?

질문:
누가복음 1:38에 나타난 마리아와 비교해 볼 때 당신은 얼마나 하나님의 뜻을 잘 받아들이고 있습니까?

마리아가 엘리사벳을 방문함

누가복음 1:39-56

천사가 나타난 후 곧 마리아는 친척인 엘리사벳을 방문하여 거기서 석 달을 보냈습니다. 그들이 경험한 기이한 일들로 말미암아 두 사람은 특별한 관계가 되었습니다.

17. 엘리사벳은 마리아를 어떻게 맞았습니까?(누가복음 1:41-43)

그녀의 말 속에는 어떤 뜻이 담겨 있습니까?

18. 요한에 대한 예언(누가복음 1:15)이 누가복음 1:41-44에 어떻게 성취되었습니까?

19. 그들이 나눈 대화의 초점은 누구(무엇)였습니까?(누가복음 1:46-55)

질문:
당신이 친구와 함께 있을 때 나눈 대화의 내용은 무엇입니까? 직장에서나 집에서는 어떻습니까?

20. 이를 통해 매일의 삶에서 당신이 다른 사람들과 나누는 대화에 적용해 볼 수 있는 교훈은 무엇입니까?

요한의 출생

누가복음 1:57-80

사가랴와 엘리사벳은 늙도록까지 자녀가 없었으므로 요한의 출생은 그들에게 대단히 큰 기쁨이 되었습니다. 일찍이 천사가 말해 준 요한이라는 이름은 "하나님은 은혜로우시다"라는 의미를 가지고 있습니다.

21. 하나님은 왜 그 아이의 이름을 요한이라 부르게 하셨겠습니까?

누가복음 1:13 ______

누가복음 1:57-58 ______

22. 사가랴가 예수님에 관하여 예언한 것을 요약하십시오.(누가복음 1:67-75)

누가복음 1:68 ______

누가복음 1:69 ______

23. 그가 요한에 대하여 예언한 것을 요약하십시오.(누가복음 1:76-79)

누가복음 1:76상 ______

누가복음 1:76하-77 ______

요약

그리스도의 마음

"여호와의 말씀에 '내 생각은 … 너희 생각보다 높으니라'"(이사야 55:8-9).

우리의 영적 목표: "너희 안에 이 마음을 품으라. 곧 그리스도 예수의 마음이니."(빌립보서 2:5)

주 예수 그리스도께서 생각하시고 행하신 대로 생각하고 행한다는 것은 전적으로 우리의 본성과는 대치되는 일입니다. 이 교재 예수 그리스도의 생애와 사역의 각 장 마지막마다 우리는 예수님의 삶 가운데 나타난 한 사건을 부각시켜 살펴볼 것입니다. 특별히 강조해 살펴보고자 하는 바는

그의 행동,
그의 행동 이면에 있는 생각,
그의 성품에 대해서입니다.

이 공부를 계속해 감에 따라 당신의 사고 방식은 점점 더 세상보다는 예수님을 닮아 갈 것입니다.

예수님의 행동, 생각, 성품에 대한 공부는 다음 장에서부터 시작됩니다.

개인 적용

이 장의 20번 문제를 다시 보십시오. 마리아와 엘리사벳이 나눈 대화의 초점은 주님이었습니다. 그들은 큰일을 행하셨고 또 행하고 계시는 주님을 찬양했습니다.

주님께 경배하고 감사하는 태도를 어떻게 발전시켜 나갈 수 있습니까?

이를 위한 계획을 세워 실천한 다음, 구체적인 실천 내용과 그 결과를 기록해 보십시오.

제 2 장

예수님의 탄생과 어린 시절

초기 여행

다음 사건들이 일어났던 장소를 아래에 기록하고, 그 위치를 지도에 표시하십시오. 예수님의 여행 경로를 작은 화살표로 나타내십시오.

1. 예수님의 탄생과 목자들의 방문 (누가복음 2:4-7,15)

 ____

2. 성전에서의 헌신 의식 (누가복음 2:22)

 ____

3. 동방 박사들의 방문 (마태복음 2:8-12)

 ____

4. 애굽으로 피신 (마태복음 2:13-15)

 ____

5. 갈릴리 지방으로 돌아옴(마태복음 2:19-23)

 ____

6. 선생들과 대화 (누가복음 2:41-46)

 ____

7. 집으로 돌아오심 (누가복음 2:51)

 ____

주: 나사렛과 예루살렘 간의 거리는 대략 128km로 사흘 여행길이었습니다.

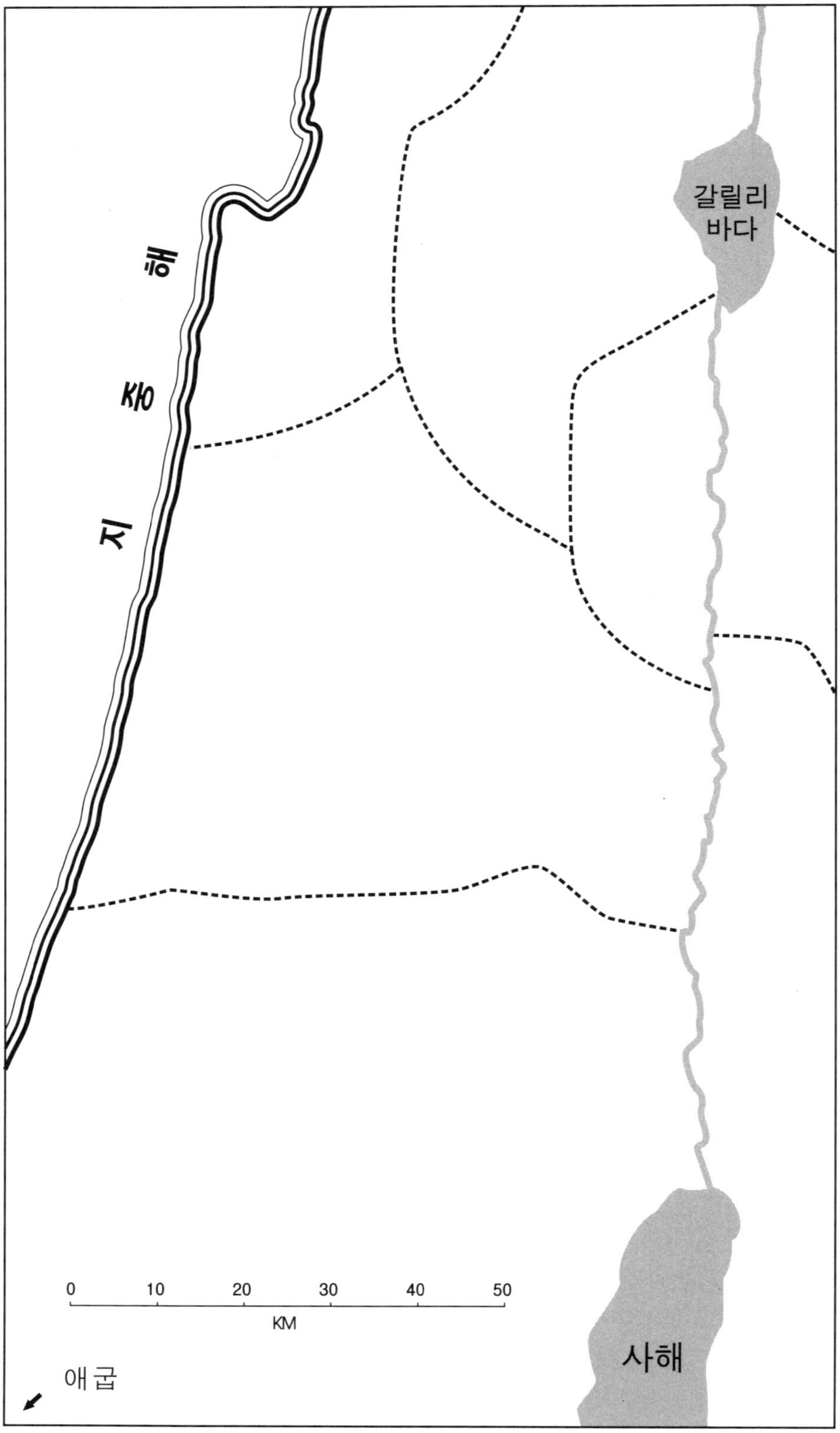

예수님의 탄생과 어린 시절

대가 차매 하나님이 그 아들을 보내사 여자에게서 나게 하시고 율법 아래 나게 하신 것은 율법 아래 있는 자들을 속량하시고 우리로 아들의 명분을 얻게 하려 하심이라.
갈라디아서 4:4-5

하나님은 약속된 메시야인 자기 아들을 세상에 보내실 완벽한 시기를 선택하셨습니다. "그때 세계의 특징은 다음과 같았습니다.

1. 세계의 중앙 집권화 - 로마 제국이 열국을 정복함으로써 기독교 전파의 발판을 마련함.
2. 세계의 문화적 통일 - 대도시에는 로마인, 헬라인, 동양인, 유대인들이 함께 섞여 살며 헬라어를 공용어로 사용하게 됨.
3. 세계적 무역 - 전 로마 제국을 그물처럼 연결하는 도로망이 궁극적으로 기독교 전파에 기여함.
4. 세계의 평화 유지 - 로마 제국의 군대에 의해 세계의 평화 유지(Pax Romana).
5. 세계의 부도덕화 - 사람의 필요를 채워 주지 못하는 민족 종교의 도덕적인 붕괴.
6. 세계적인 종교의 교류 - 로마가 종교의 자유를 허락함으로 말미암아 사람들이 각기 자기 민족 고유의 신앙을 서로 비교하고 저울질하게 됨."[1]

예수님은 다윗의 동네(베들레헴)에서 태어나심으로써 구약성경의 예언(미가 5:2)을 성취하셨습니다. 이때는 로마가 팔레스틴을 점령하여 헤롯이 유대 지방의 분봉왕으로 있던 때였습니다.

마리아와 요셉

마태복음 1:18-25

마리아와 정혼한 요셉은 마리아의 임신 사실을 알고는 놀라고 당황했습니다. "옛적 히브리인들의 정혼은 오늘날의 약혼보다 더 공식적이고 구속력이 있었습니다.

1. Erich Sauer, *The Dawn of World Redemption* (Grand Rapids, Michigan: William B. Eerdmans Publishing Company, 1951), page 176.

사실상 그것은 결혼의 일부로 간주되었으며, 유대인들에게 정혼은 대단히 큰 구속력이 있어 혹 신랑이 실종되거나 신랑 편에서의 약속 불이행으로 결혼이 이루어지지 않더라도, 신부는 합당한 절차를 거쳐 이혼 증서를 받음으로 자유롭게 될 때까지는 다른 사람과 결혼할 수 없었습니다. … 정혼한 두 사람은 법적으로 결혼한 부부의 위치에 있었으며, 따라서 부정(不貞)은 '간음 행위'로 간주되었습니다."[2]

1. 신명기 22:23-27 말씀을 읽으십시오. 요셉이 마리아에 대하여 취할 수도 있었던 조치는 무엇입니까?

   신명기 22:23-24 ____________________

   ____

   마태복음 1:19 ____________________

   ____

그러나 요셉은 이런 조치를 취하지 않고 마리아를 아내로 맞이했습니다.(마태복음 1:24)

2. 요셉의 결정에 영향을 준 요인은 무엇이었습니까?(마태복음 1:20-21)

   ____

   ____

   ____

예수님의 탄생

누가복음 2:1-20

"세금을 효과적으로 징수하기 위해서, 로마는 예수님이 태어나시던 해에 인구 조사를 실시했습니다. 당시 유대 지방이 로마의 직할 통치령이었다면, 인구 조사는 로마식으로 자기 거주지에서 등록만 하면 되었을 것입니다. 그러나 그 당시의 유대는 자치령이었기 때문에 각자 조상의 본적지에 가서 신고를 해야 하는 유대식 인구 조사가 이루어졌습니다. 요셉은 '다윗의 집 족속'이었으므로 나사렛에서 3일 거리에 있는 다윗 동네 베들레헴에 가야만 했습니다. 마리아는 해산을 눈앞에 둔 급박한 상황에 처해 있었지만 요셉은 마리아를 데리고 갔습니다. 그는 말 많고 남을 헐뜯기 좋아하는 사람들 가운데 마리아를 혼자 남겨두고 싶지 않았을 것입니다."[3]

2. George B. Eager, "Marriage," *The International Standard Bible Encyclopedia* (Grand Rapids, Michigan: William B. Eerdmans Publishing Company, 1956), page 1997-98
3. David Smith, *The Days of His Flesh* (New York: Harper & Brothers, n.d.), page 3.

3. 하나님의 절대주권이 예수님의 탄생을 둘러싼 주변 상황에 어떻게 나타나 있습니까?(누가복음 2:1-7, 미가 5:2)

____

____

4. 요한이 기록한 바에 의하면 예수님은 어떻게 특별하신 분이었습니까?(요한복음 1:1-14)

1절 ______________________________

____

3절 ______________________________

____

4절 ______________________________

____

12절 ______________________________

____

14절 ______________________________

____

5. 천사들이 목자들에게 나타나서 예수님의 탄생을 알렸습니다. 다음 각 구절에서 목자들은 어떤 반응을 보였습니까?

누가복음 2:9 ______________________________

____

누가복음 2:15-16 ______________________________

____

누가복음 2:17 ______________________________

____

누가복음 2:20 ______________________________

____

질문:
천사들이 다른 계층의 사람에게 나타나지 않고 목자들에게 나타난 이유가 무엇이라고 생각합니까?

예수님의 유아기

예수님의 유아기에 관하여 성경에서는 단지 세 가지 사건만 기록하고 있습니다 - 성전에서의 헌신 의식, 동방 박사들의 방문 및 애굽으로의 피신.

헌신 의식을 위한 성전 방문

누가복음 2:21-39상

6. 요셉과 마리아가 성전에 간 목적은 무엇입니까?(누가복음 2:21-24)
   23절 ______
   24절 ______

7. 시므온은 어떤 사람입니까?(누가복음 2:25-26)

   성령이 특별히 시므온에게 전한 말은 무엇입니까?

8. 시므온이 예수님에 관하여 예언한 내용을 요약하거나 풀어서 쓰십시오.(누가복음 2:30-33)

9. 시므온이 마리아에게 예언한 내용을 쓰십시오.(누가복음 2:34-35)

10. 안나는 어떤 사람입니까?(누가복음 2:36-37)

11. 안나의 삶을 통하여 당신이 배울 수 있는 교훈을 몇 가지 적으십시오.(누가복음 2:37-38)

동방 박사들의 방문

마태복음 2:1-12

박사는 때로 magi라고도 부르는데 이는 "마술사"라는 뜻을 가진 magus에서 나온 말입니다. "이들은 페르시아 지방에서 온 사람들이라 짐작되는데 별을 연구하는 데 생애를 바치고 있었습니다. 이스라엘은 페르시아의 지배하에 있었던 적이 있었으므로, 틀림없이 그들은 히브리인의 종교와 소망에 대해 잘 알고 있었을 것입니다. 또한 그들은 자신들의 종교적인 관행에 일치하는 이런 예언들에 특히 호기심을 가지고 있었을 것입니다. 그들이 야곱에게서 나올 별, 유다에게서 나올 홀(笏)에 관한 예언을 알고 있었으리라는 사실은 거의 확실합니다. 그들은 이 별이 한 왕의 탄생을 가리킨다고 알고 있었기 때문에, 도착하자마자 '유대인의 왕으로 나신 이가 어디 계시뇨? 우리가 동방에서 그의 별을 보고 그에게 경배하러 왔노라'고 말했던 것입니다."[4]

공부할 과제:
박사들이 예물로 드렸던 황금, 유향, 몰약에 대해 알아보십시오.

질문:
주님께서 당신에게 원하시는 예물은 무엇입니까? 미가서 6:6-8과 로마서 12:1을 읽어 보십시오.

그 박사들은 헤롯 왕에 대한 평판이 나쁘다는 것도 알지 못하고, 그에게서 정보를 얻으려 하였습니다. "헤롯은 불미스러운 사생활에 잔인한 성격을 소유한 사람이었습니다. 수년 동안에 걸쳐 그는 열 명의 아내 중 둘을 죽였으며 아들 셋과 처남, 처조부를 살해하였습니다. 죽을 날이 가까워 오자 자기가 죽으면 사람들이 기뻐할 것이라 생각한 헤롯은 유대인 지도자들을 여리고에 있는 투기장에 가두어 두었다가 자기가 죽게 되면 죽이라고 명령했습니다. 자기의 죽음 때문은 아니라도 어쨌든 자기가 죽었을 때 백성들로 하여금 눈물은 흘리게 하겠다는 의도였던 것입니다. 그러나 다행히도 B.C. 4년 그의 사망 소식이 전해졌을 때, 갇혔던 사람들은 풀려났고 백성들은 안도의 숨을 쉴 수 있게 되었습니다."[5]

12. 헤롯은 그리스도가 탄생할 곳을 어떻게 알았습니까?(마태복음 2:4-8)

____

____

13. 아기 그리스도를 찾았을 때 박사들이 느꼈던 감정은 무엇입니까?(마태복음 2:10-11)

____

____

____

4. G. Campbell Morgan, *The Crises of the Christ* (Old Tappan, New Jersey; Fleming H. Revell Company, 1903), pages 98-99.
5. Bruce M. Metzger, *The New Testament, Its Background, Growth, and Content* (New York: Abingdon Press, 1965), page 24.

14. 박사들은 왜 헤롯에게 되돌아가지 않았습니까?(마태복음 2:12)

15. 박사들의 삶과 행동으로부터 당신은 개인적으로 어떤 결론을 얻을 수 있으며 또한 어떤 적용을 할 수 있겠습니까?

1-2절

2절

11절

애굽으로 피신

마태복음 2:13-23

아기 예수와 마리아의 안전은 하나님과 요셉의 중대한 관심사였습니다. 그들이 피신하는 데 박사들의 예물이 경제적으로 얼마큼 도움이 되었는지는 확실치 않지만, 한참 동안 요셉과 그 가족은 애굽에 머물렀습니다. "요셉이 그의 가족과 함께 피신할 수 있었던 가장 가까운 곳은 애굽이었습니다.… 전승에 의하면 그들은 애굽에 들어가서도 160km 이상을 이동하여 유대인의 한 거류지에서 1년을 살았다고 합니다. 당시 애굽에는 1백만 명 이상의 유대인들이 살고 있었는데, 이 거류지는 애굽 내에서 상당한 영향력을 가진 지역으로 선망의 대상이기도 했습니다."[6]

16. 애굽은 베들레헴으로부터 얼마나 멀리 떨어져 있습니까?

17. 요셉은 왜 그의 가족들과 함께 애굽으로 피신하였습니까?(마태복음 2:13)

6. J. W. Shepard, *The Christ of the Gospels* (Grand Rapids, Michigan: William B. Eerdmans Publishing Company, 1939), pages 40-41.

18. 마태복음 2:16을 보면 어떤 잔인한 일이 벌어졌음을 알 수 있습니까?

____

____

____

B.C. 4년에 헤롯이 죽자 요셉과 그 가족은 다시 팔레스틴으로 돌아오게 되었습니다. 그러나 헤롯의 난폭한 아들 아켈라오가 유대의 통치자가 되었으므로 하나님께서는 요셉을 갈릴리의 나사렛으로 인도하셨습니다(마태복음 2:22). 마태복음에서는, 그들이 애굽으로 돌아온 것은 호세아 11:1 말씀이 성취된 것으로, 또 나사렛에 정착하게 된 것은 그리스도의 낮은 신분에 대한 예언이 성취된 것으로 보고 있습니다(마태복음 2:23).

호세아 11:1의 예언
"내 아들을 애굽에서 불러 내었거늘."

마태복음 2:23하
"나사렛 사람이라 칭하리라."

19. 연대순을 따라 기록된 아래의 지명 옆에 왜 요셉과 그의 가족이 이 지역을 방문하거나 여기에서 살았었는지에 대하여 간단히 적어 보십시오.

나사렛 _____ 요셉은 이곳에서 목수로 일했다. _____

베들레헴 ____________________________________

예루살렘 ____________________________________

베들레헴 ____________________________________

애굽 ______________________________________

나사렛 _____________________________________

예수님의 어린 시절

누가복음 2:39하-52

예수님이 애굽에서 돌아와 12세 때 성전을 방문한 일 외에는 30세 때 세례를 받으시기까지의 일들에 대하여 복음서가 침묵을 지키고 있습니다. 이 침묵은 복음서가 구세주의 역사를 적은 것이지 나사렛 예수의 전기는 아니라는 사실을 강조해 보여줍니다.

나사렛은 고립된 작은 지역은 아니었습니다. 지중해 연안의 가이사랴와 돌레마이로부터 동쪽 데가볼리 지방의 여러 도시로 가는 주요 교역로 가운데 하나가 통과하는 곳에 위치해 있었습니다(16쪽의 지도 참조). 전략적인 요충지였기 때문에 그곳 사람들은 유대 문화뿐만 아니라 그 주위 여러 이방 민족들의 문화에도 익숙해져 있었습니다. 그들은 또한 로마 제국 내의 원방에서 일어나고 있는 일들에 대해서도 사정이 밝았습니다.

20. 예수님이 교육받은 주된 내용은 무엇이라고 생각합니까?(신명기 6:4-7)

____

____

21. 예수님의 어린 시절은 어떤 점이 다른 사람들과 같았습니까?(누가복음 2:39하-40)

____

____

22. 예수님은 어떤 점에서 달랐습니까?

누가복음 2:40 ____

____

누가복음 2:46-47 ____

____

____

유월절이 끝나고 예수님의 부모는 예루살렘을 뒤로하고 집으로 발걸음을 옮기기 시작했습니다. 하룻길을 간 후에야 일행 가운데 예수님이 보이지 않는 것을 알고 그들은 예수님을 찾아 다시 예루살렘으로 돌아갔습니다. 사흘 후 그들은 예수님을 성전에서 찾게 되었습니다.

23. 예수님이 부모에게 대답한 다음 말의 중요한 의미는 무엇입니까?(누가복음 2:49)

"내 아버지 집에" ____

____

"있어야 될 줄을" ____

____

"예수님이 예루살렘 성전을 방문한 것은 특별히 중요한 의미가 있습니다. 왜냐하면 12세의 나이는 바-미츠바(bar-mitzvah), 즉 '율법의 아들'이 되는 것을 나타내기 때문입니다. 이 나이가 되면 유대 소년들은 공식적으로 사회의 여러 권리와 의무의 주체로 인정받게 되어 있었습니다."[7]

7. Merrill C. Tenney, *New Testament Times* (Grand Rapids, Michigan: William B. Eerdmans Publishing Company, 1965), page 144.

요약

그리스도의 마음

누가복음 2:46-47을 다시 읽고 이 구절에 나타난 예수님의 행동, 생각, 성품에 대해 생각해 보십시오.

우리의 영적 목표: "너희 안에 이 마음을 품으라. 곧 그리스도 예수의 마음이니."(빌립보서 2:5)

1. 예수님은 무엇을 하고 계셨습니까?

2. 왜 이렇게 하셨습니까?(예수님의 행동 이면에 있는 생각은 무엇이었습니까?)
(신명기 4:1-2, 6:6-7, 시편 1:1-3, 119:11)

3. 예수님의 어떤 성품을 볼 수 있습니까?

4. 하나님의 말씀을 부지런히 공부해야 하는 이유는 무엇이라고 생각하십니까?
(요한복음 14:15,23)

개인 적용

아래 각 사람들이 어떻게 하나님께 순종했는지 기록하십시오.

사가랴와 엘리사벳(누가복음 1:6) ____________________

____

요셉(마태복음 1:20,24) ____________________

____

마리아(누가복음 1:35,38) ____________________

____

목자들(누가복음 2:15) ____________________

____

박사들(마태복음 2:12) ____________________

____

당신의 삶에서 이 순종의 인격을 어떻게 계발할 수 있습니까?

이를 위한 계획을 세워 실천한 다음, 구체적인 실천 내용과 그 결과를 기록해 보십시오.

____

____

____

____

____

____

____

____

질문:
사무엘상 15:22 말씀이 오늘날 우리들에게는 어떻게 적용되겠습니까?

사무엘은 사울 왕에게 "여호와께서 번제와 다른 제사를 그 목소리 순종하는 것을 좋아하심같이 좋아하시겠나이까? 순종이 제사보다 낫고"(사무엘상 15:22)라고 했습니다.

제 3 장

예수님의 사역을 위한 준비

사역의 시작

다음 사건들이 일어났던 장소를 아래에 기록하고, 그 위치를 지도에 표시하십시오. 예수님의 여행 경로를 작은 화살표로 나타내십시오.

1. 앞 장에서 마지막 머무르신 곳

   ____

2. 세례 요한에게 세례 받으심(요한복음 1:28)

   ____

   ____

3. 사탄의 시험 (누가복음 4:1,9)

   ____

   ____

4. 예수님의 첫 번째 이적(요한복음 2:1)

   ____

5. 잠시 가족들을 방문하심 (요한복음 2:12)

   ____

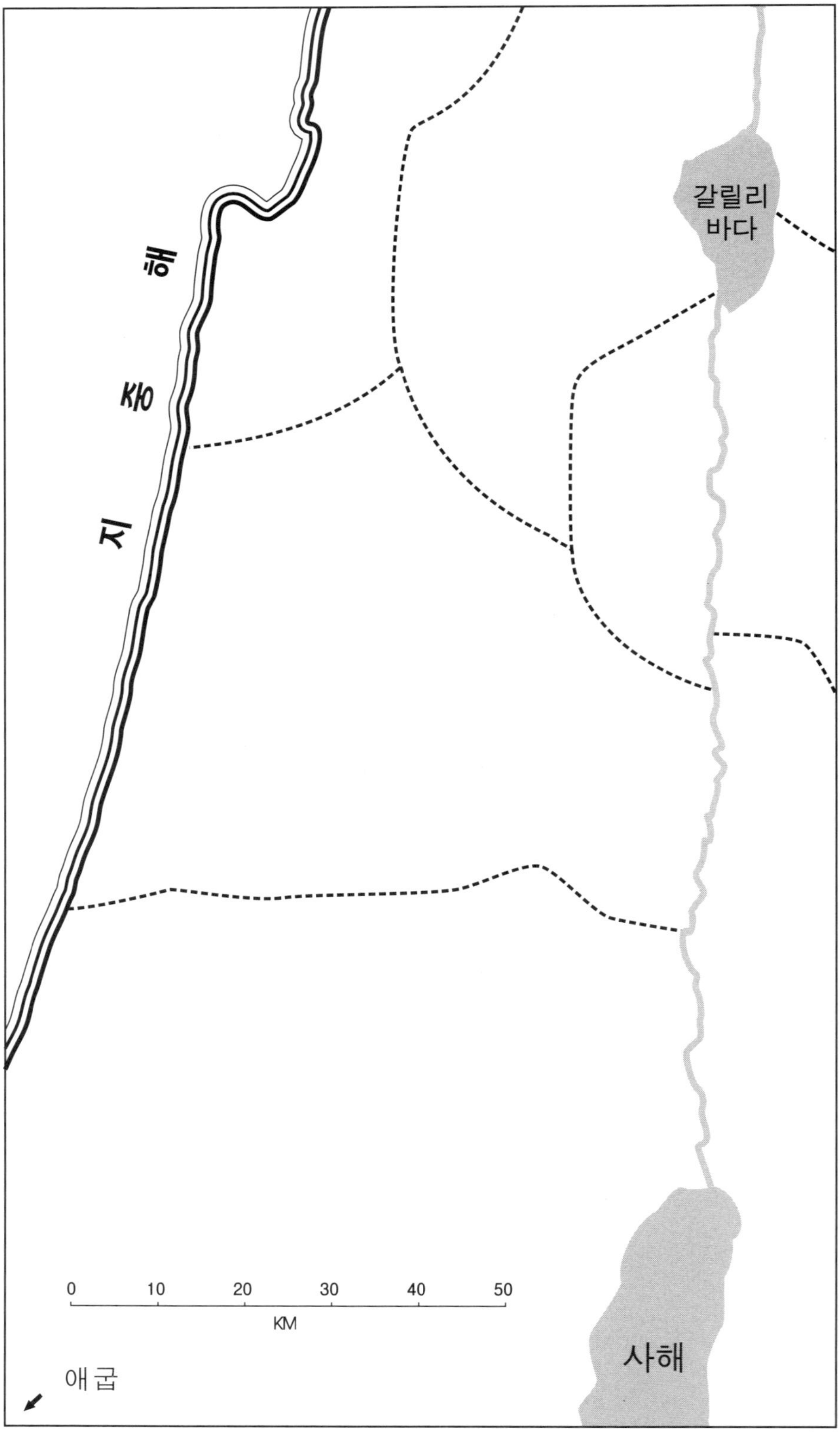

예수님의 사역을 위한 준비

외치는 자의 소리여, 가로되 "너희는 광야에서 여호와의 길을 예비하라. 사막에서 우리 하나님의 대로를 평탄케 하라."
이사야 40:3

메시야는 아무 예고도 없이 오시지는 않았습니다. 하나님께서는 갑자기 하늘을 여시며 우레와 같은 소리로 메시야의 등장을 선포하실 수도 있었습니다. 또 메시야가 곧 오실 것을 예고하며 그의 길을 예비하는 자로 유명한 사람을 택하실 수도 있었습니다. 그러나 하나님은 낮고 겸손한 자들 가운데서 한 사람을 택하셨습니다.

세례 요한

마태복음 3:1-12 마가복음 1:2-8

예수님이 나사렛에서 자기 때를 기다리시는 동안, 세례 요한은 광야에서 담대히 회개의 메시지를 선포하기 시작했습니다. 그는 제사장 직분을 맡은 아론의 가계 출신이므로 제사장이 될 수도 있었습니다. 그러나 하나님께서는 그가 "만군의 여호와가 이르노라. 보라, 내가 내 사자를 보내리니 그가 내 앞에서 길을 예비할 것이요" (말라기 3:1)라는 말씀에서 예언한 선지자가 되도록 예정하셨습니다.

1. 세례 요한의 외모에 대하여 간단히 설명하십시오.(마태복음 3:4)

____

2. 요한의 메시지는 무엇이었습니까?(마태복음 3:2)

____

____

요한의 이 메시지에 사람들은 어떻게 순종했습니까?(마태복음 3:6)

____

____

주: 외적 결례(세례)는 내적 결례(회개)의 표현이었음.

정의:
회개란 죄에 대한 마음의 변화. 다시 말해 하나님이 보시는 시야로 죄를 보고 죄로부터 떠나는 것을 의미합니다.

3. 요한에게서 볼 수 있는 성품들은 무엇입니까?

성 품	이 성품의 증거
마가복음 1:6	
마가복음 1:7	

4. 요한이 예수님에 대하여 말한 두 가지는 무엇입니까?(마태복음 3:11)

5. 당신이 만일 요한을 직접 만나 보고 그의 말을 들었다면, 그에게 어떤 반응을 보였겠습니까?

왜 그렇습니까?

세례 받으심

마태복음 3:13-17

하나님이 처음으로 모세에게 율법을 주실 때, 정결케 하기 위한 의식을 행하도록 명령하셨습니다.

바리새인들은 마음의 참된 내적 변화도 없이 의식적인 결례나 세례만을 지나치게 강조했기 때문에 예수님은 그들의 위선을 엄하게 꾸짖으셨습니다(마태복음 23:24 참조).

6. 요한의 세례 이면에 있는 의미는 무엇입니까?(사도행전 19:4 참조)

7. 요한이 예수님께 "내가 당신에게 세례를 받아야 할 터인데"(마태복음 3:14)라고 말한 의미는 무엇입니까?

8. 예수님은 왜 요한에게 세례를 받으려고 하셨습니까?(마태복음 3:15)

주: 예수님께서 세례를 받으신 것을 공생애의 시작으로 보는 성경 학자들도 있습니다.

9. 성령이 예수님께 임하신 것이 세례 요한에게는 어떤 의미가 있었습니까?(요한복음 1:33-34)

10. 삼위일체 하나님이 어떻게 나타나셨습니까?(마태복음 3:16-17)

광야에서 시험받으심

마태복음 4:1-11

예수님은 세례를 받으신 직후 성령께 이끌리어 유대 광야로 가셔서 사탄의 시험을 받으셨습니다.

11. 세 가지 시험 중 두 가지 시험을 통하여 사탄은 하나님의 어떤 선언에 대해 의문을 제기했습니까?(마태복음 3:17을 마태복음 4:3, 4:6과 비교해 보십시오.)

12. 이 세 가지 시험을 통해 볼 때, 사탄은 예수님에 대해 어떤 그릇된 생각을 가지고 있었습니까?

13. 예수님은 사탄의 시험에 대하여 신명기의 말씀을 인용해서 대답하셨습니다. 예수님이 그 말씀들을 인용하신 이유를 알게 되면, 각 시험에 대하여 좀더 분명하게 이해할 수 있습니다. 다음 표를 완성하십시오.

시험	신명기의 관련 구절	이 구절의 의미
돌들이 떡덩이가 되게 하라	신명기 8:3하	
성전 꼭대기에서 뛰어 내리라	신명기 6:16상	
사탄을 경배하라	신명기 6:13	

직문:
솔직하게 답해 보십시오. 당신은 좋아하는 음식을 먹는 데 30분을 쓰는 것과 하나님의 말씀을 묵상하는 데 30분을 쓰는 것 중 어떤 것에 더 가치를 두고 있습니까? 무엇에 우선 순위를 두고 있습니까?

14. 예수님은 이러한 시험들을 맞이하시기 위해 여러 해 동안 어떻게 준비하셨겠습니까?

15. 사탄이 성경 말씀을 어떻게 잘못 이용했는가 설명해 보십시오.(시편 91:11-12과 마태복음 4:6을 비교해 보십시오.)

16. 이 사실은 우리의 적인 사탄에 대하여 무엇을 알게 해줍니까?

17. 이 사건과 그 시기가 왜 중요하다고 생각합니까? (예수님께서 이땅에 오신 궁극적인 목적을 생각해 보십시오.)

18. 시험을 당했을 때 우리를 대하시는 예수님의 태도는 무엇입니까?(히브리서 4:15 참조)

초기의 제자들

요한복음 1:35-51

예수님께서 시험을 받으신 후 광야에서 나오셨을 때, 요한은 예수님을 가리켜 자기가 전에 오리라고 말한 바로 그분이라고 말했습니다.

19. 요한이 "보라, 세상 죄를 지고 가는 하나님의 어린양이로다"라고 말한 의미는 무엇입니까?(요한복음 1:29,36)

20. 요한은 예수님을 자신의 몇 제자들에게 소개하였는데, 그들은 곧 예수님을 따르는 자들이 되었습니다. 다음 표를 완성하십시오. (모든 여백을 다 채울 필요는 없습니다.)

제자들	예수님을 만난 경위	예수님에 대한 호칭	예수님을 따른 이유
두 사람 (요한과 안드레) (35-38절)			
베드로 (40-42절)			
빌립 (43-45절)			
나다나엘 (45-50절)			

질문:
안드레와 빌립의 예를 어떻게 따를 수 있겠습니까?

오늘날 사람들을 예수님께로 이끄는 것들은 무엇입니까? 당신을 예수님께로 이끈 것은 무엇입니까?

가나의 혼인 잔치

요한복음 2:1-12

예수님은 나다나엘과 대화를 나누신 사흘 후, 어머니와 제자들과 함께 갈릴리 가나의 혼인 잔치에 가셨습니다. 여기서 예수님은 첫 번째 이적을 행하셨습니다.

"결혼식날 저녁이 되면 신부는 기름과 포도주를 받은 친구들, 견과류를 받아 가진 아이들과 함께, 음악이 연주되는 가운데 부모의 집을 떠나 신랑 부모의 집으로 인도되는데, 이때 신랑의 친구들이 횃불과 등을 켜들고 도금양나무 가지와 화관을 가지고 서 있다가 신부를 안내합니다. 베일을 쓴 신부가 도착하면 곧 신랑에게로 인도되며, 성혼이 공표되고, 결혼 증서에 서명을 하게 됩니다. 서명을 하기 전에는 반드시 손을 씻어야 합니다. 마지막으로 혼인 잔치가 벌어지는데 이 잔치는 하루, 때로는 일주일씩이나 계속됩니다."[1]

혼인 잔치 중에 포도주가 떨어져서 예수님의 어머니는 아들에게 그 사실을 알렸습니다. (이 당시 팔레스틴 지역에서 사용된 포도주는 사분의 삼 정도의 물을 타서 사용한 것으로 생각됩니다.) 예수님은 큰 항아리 속의 물을 포도주로 만들어서 이 새 포도주를 연회장에게 갖다 주도록 하셨습니다.

연회장은 모든 음식물을 내놓기 전에 검사하고 맛보는 등 연회를 주관하는 것이 임무였습니다. 그는 "좋은 포도주"가 처음이 아니라 나중에 나온 것을 알고는 놀라워했습니다.

21. 예수님이 광야에서 돌들이 떡덩이가 되게 하는 것은 거부하신 반면에 이 결혼식에서는 기꺼이 물로 포도주를 만드신 이유는 무엇이라고 생각합니까?

질문:
표적이 무엇입니까?
오늘날에도 표적이 일어납니까?

(표적에 대한 정의)
어른의 정의: 신성에 의한 초자연적인 행위
유치원생의 정의: 하나님만이 하실 수 있는 것

22. 이 표적이 특히 중요한 이유는 무엇입니까?(요한복음 2:11)

23. 이 표적에는 예수님이 하나님의 아들이시라는 것이 어떻게 나타나 있습니까?

이처럼 놀라운 표적을 행하신 후, 예수님과 가족들은 나중에 예수님의 활동의 중심지가 될 가버나움에서 며칠을 보냈습니다. 이제는 바야흐로 예수님께서 공생애를 시작하실 때가 되었습니다.

1. J. W. Shepard, *The Christ of the Gospels* (Grand Rapids, Michigan: William B. Eerdmans Publishing Company, 1939), pages 88-89.

요약

그리스도의 마음

마태복음 4:1-11을 다시 읽고 예수님의 행동, 생각, 성품에 대해 생각해 보십시오. 사탄은 굶주림, 능력, 영광, 하나님 아버지를 의뢰하는 면에 대해서 예수님을 시험했습니다. 만일 이 시험에서 예수님이 사탄과 타협하고 승리하지 못하셨다면, 우리와 다를 바 없는 죄인이 되어 우리의 죄를 대신하여 십자가를 지실 수 없었을 것입니다.

우리의 영적 목표: "너희 안에 이 마음을 품으라. 곧 그리스도 예수의 마음이니."(빌립보서 2:5)

1. 예수님은 이 구절(마태복음 4:1-11)에서 에베소서 6:10-13의 원리를 따라 무엇을 하셨습니까?

____

____

2. 예수님이 사탄을 대적하시면서 생각하신 바는 무엇입니까?(히브리서 12:2)

____

____

____

3. 예수님이 보여 주신 성품은 무엇입니까?(히브리서 12:1-3)

____

____

4. 오늘날 당신은 예수님의 본을 어떻게 따를 수 있습니까?(히브리서 12:1-3)

1절 ____

____

2절 ____

____

3절 ____

____

에베소서 6:11 __________________________________

____

____

____

개인 적용

인내(오래참음)의 한 가지 정의:

> 시련의 목적이 그리스도인으로서의 성숙에 있음을 알고 모든 시련을 굳게 견디는 것.

당신이 겪고 있는 시련들을 통해 이 인내의 성품을 어떻게 계발할 수 있겠습니까?

이를 위한 계획을 세워 실천한 다음, 구체적인 실천 내용과 그 결과를 기록해 보십시오.

제 4 장

이스라엘에 자신을 나타내심

주님의 행적과 대화

다음 사건들이 일어났던 장소를 아래에 기록하고, 그 위치를 지도에 표시하십시오. 예수님의 여행 경로를 작은 화살표로 나타내십시오.

1. 앞 장에서 마지막 머무르신 곳

 ____

2. 성전 정화 (요한복음 2:13-15)

 ____

3. 니고데모와의 대화 (요한복음 3:1-2, 2:23)

 ____

4. 제자들과의 여행 (요한복음 3:22)

 ____

5. 요한이 세례를 주던 곳 (요한복음 3:23)

 ____

6. 우물가의 여인과의 대화 (요한복음 4:4-7)

 ____

 ____

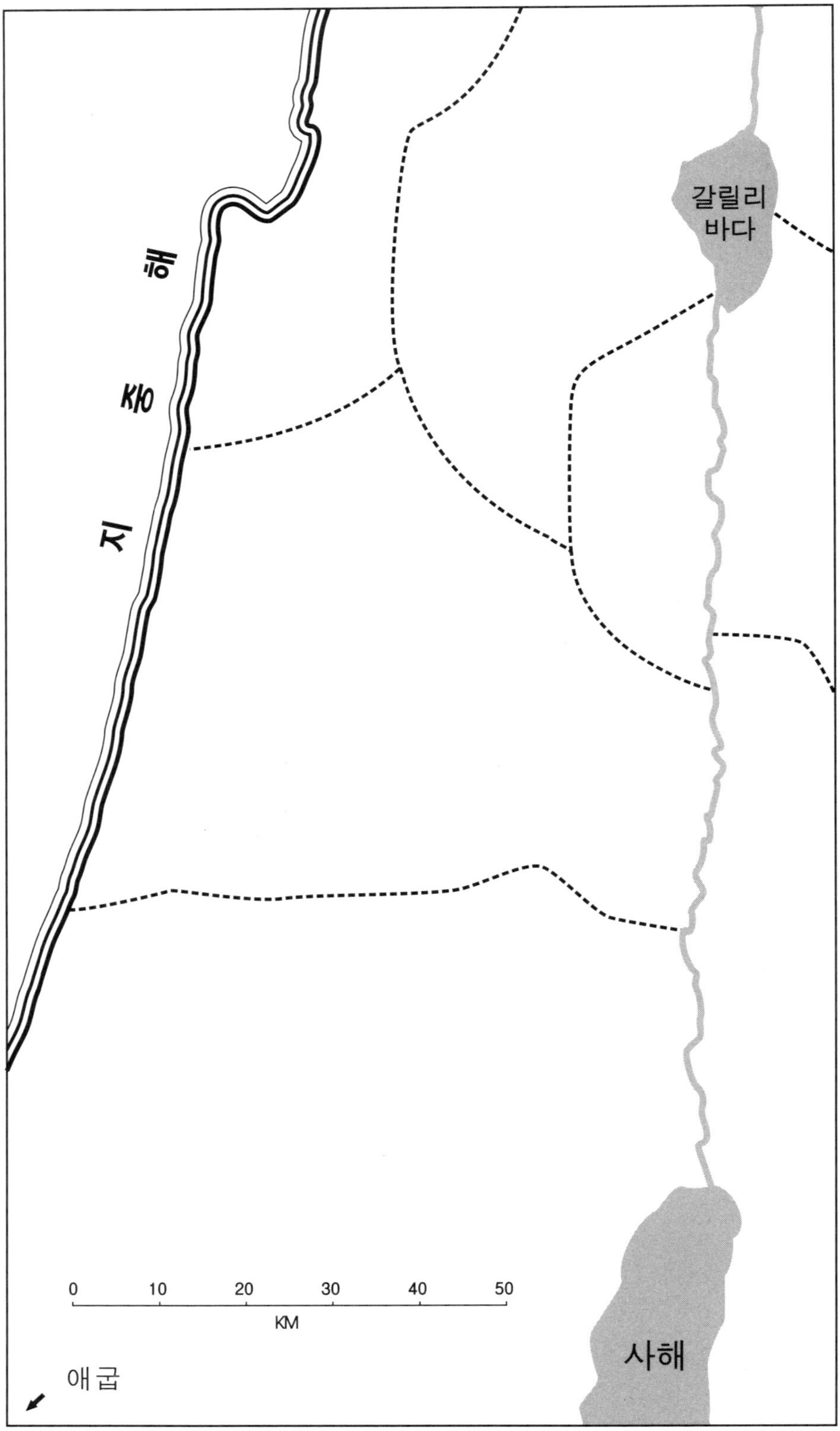

이스라엘에 자신을 나타내심

예수께서 제자들 앞에서 이 책에 기록되지 아니한 다른 표적도 많이 행하셨으나, 오직 이것을 기록함은 너희로 예수께서 하나님의 아들 그리스도이심을 믿게 하려 함이요, 또 너희로 믿고 그 이름을 힘입어 생명을 얻게 하려 함이니라.

요한복음 20:30-31

예수 그리스도의 공적인 사역은 네 번에 걸친 유월절 기간을 중심으로 3년 동안에 이루어졌습니다(96-99쪽 도표 참조). 이 네 유월절 가운데 사역을 시작하신 첫 유월절 때 예수님께서는 성전을 깨끗케 하심으로써 자신을 약속된 메시야로 나타내 보이셨습니다. 네 번째 유월절 때 십자가에 못박히시고 다시 살아나셨습니다. 바로 이 두 시점 사이(A.D. 27-30)가 주님의 공적인 사역 기간입니다.

예수님은 12세 때부터 매년 예배를 드리러 갈릴리에서 예루살렘으로 올라가셨습니다. 그러나 이번에 예수님이 예루살렘에 올라가신 것은 전처럼 단지 유월절 예배를 위한 것은 아니었습니다. 메시야로서 올라가셨습니다. 그는 맨 먼저 통치자들에게 자신을 나타내셨습니다.

그때까지 예수님은 나사렛의 한 평범한 목수로서 살아 오셨습니다. 이제 때가 이르러 주님은 약속된 메시야로서 자신을 이스라엘에 나타내 보이셨습니다. 이 초기의 사역은 요한복음에만 기록되어 있는데, 요한은 성령의 인도하심 가운데 일관된 목표를 가지고 다음 네 개의 사건들을 선택하여 연관지어 줌으로써 예수님이 참으로 하나님의 아들이심을 보여 줍니다.

정의:
여기서 "나타내셨다"라는 말은 예수님이 하나님의 아들이요 이스라엘의 약속된 메시야로 자신을 나타내셨다는 의미입니다.

첫 번째 성전 정화

요한복음 2:13-25

예수님과 제자들은 유월절을 기념하기 위해 가버나움을 떠나 예루살렘으로 가셨습니다. 가장 거룩한 이 절기의 행사들은 성전을 중심으로 이루어졌습니다.

1. 출애굽기 12장을 읽고 첫 유월절 행사에 대해 기록하십시오.

____

____

____

예수님 당시의 유월절 모습

"유월절이 가까이 오면 예루살렘은 활기가 넘치기 시작합니다.…회당에 딸린 여관과 숙소는 모두 순례자들로 만원을 이루고…

"로마 달력으로 4월인 니산월 13일 저녁까지는 집집마다 청소를 깨끗이 하고 먹고 남은 유교병은 행사 전까지는 태워서 없애 버립니다. 유월절은 완전한 소생을 의미하기 때문입니다. 다음날 오후에는 제사가 시작됩니다. 가족 혹은 친구들끼리 10명 내지 20명 그룹 단위로 어린 양이나 새끼 염소를 한 마리씩 삽니다. 각 그룹의 대표자들이 그 희생제물을 성전 뜰로 데려가서 잡습니다. 제사장들은 그릇에 피를 모아서 번제단 밑에 뿌리고 내장은 쉴 새 없이 타는 불 위에 태웁니다. 희생제물을 가족들이 기다리는 집으로 다시 옮겨 석류나무 막대기에 꿰어 굽습니다."[1]

웅장한 자태를 자랑하는 성전은 모든 유대인들의 신앙 생활의 중심지였습니다. 예루살렘의 모리아 산상에 세 차례에 걸쳐 성전이 세워졌는데, 맨 처음에는 솔로몬이, 두 번째는 스룹바벨이, 그리고 마지막은 헤롯이 건축했습니다. 그리스도 당시의 성전은 헤롯이 지은 것으로서 헤롯 성전이라고 부르는데, 예루살렘이 함락당한 A. D. 70년에 파괴되었습니다.

2. 이 성전을 시각화 해보면, 예수님이 공생애를 시작하신 배경을 이해하는 데 도움이 될 것입니다. 그리스도 당시의 성전(헤롯 성전)의 다음 각 부분들을 간단하게 설명해 보십시오. 그리고 다음 쪽에 있는 평면도 위에서 그 위치를 찾아 표시하십시오. (성서 사전이나 백과 사전을 참고하십시오.)

이방인의 뜰 ____

____

여인의 뜰 ____

____

남자의 뜰 ____

____

제사장의 뜰 ____

____

번제단 ____

____

성소 ____

____

1. Roland de Vaux, "The World of Jesus," *Everyday Life in Bible Times* (Washington, D. C.:National Geographic Society, 1967), pages 299-300.

지성소 ________________________________

____

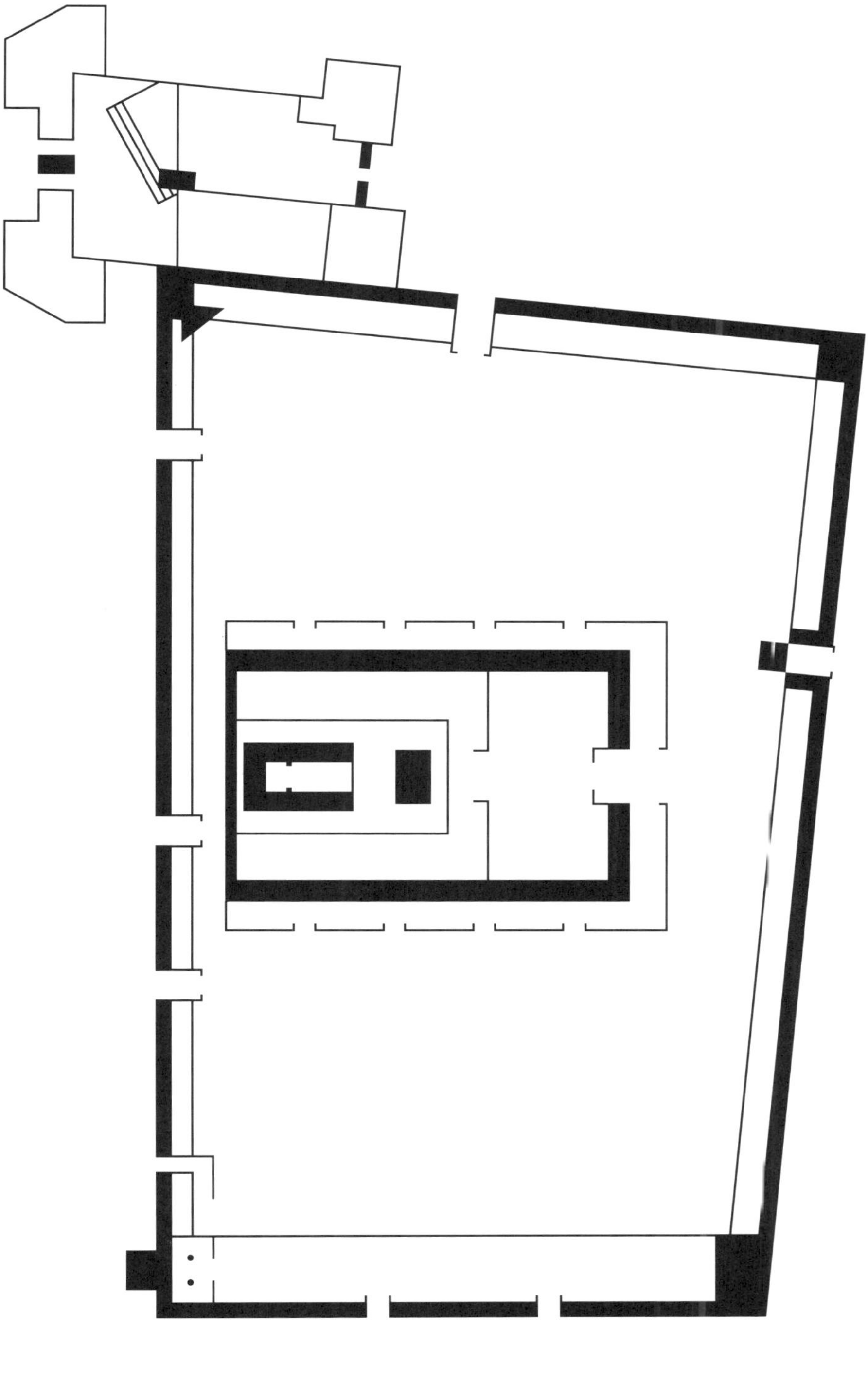

환전상(換錢商)

팔레스틴의 환전상은 인구 조사 때마다 20세 이상의 모든 이스라엘 남자들이 여호와께 드리는 헌물로 반 세겔씩을 성전에 내도록 되어 있는 율법 때문에 필요하게 된 직업이었으며, 이 돈은 가난한 자라도 예외 없이 내도록 되어 있었습니다. 후에는 매년 내야 하는 세금으로 바뀐 듯하며, 유대인들에게 통용되는 반 세겔짜리 유대 주화로 내도록 되어 있었습니다(출애굽기 30:11-15). 절기 때마다 올라오는 유대인들은 그 당시에 통용되던 각종 주화들을 이 유대 주화로 바꾸어야 했고, 따라서 이로 말미암아 이득을 보는 환전상들이 생기게 되었습니다. 세계의 여러 지역으로부터 온 유대인들을 상대로 그들이 가진 외국 주화를 유대 주화로 바꾸어 주는 일은 수지가 맞는 장사였으며, 환전상들은 자기들 마음대로 폭리를 취했습니다.

제사장들의 개입

"희생 제물 및 헌물로 쓰일 동물들은 자격을 갖춘, 정식으로 임명받은 검사관에게 의무적으로 검사를 받도록 되어 있었습니다. 그런데 이 검사를 받기 위해서 터무니없이 비싼 값을 치러야 했습니다. 부정한 방법들이 동원되고 부당 이득을 취하는 일들이 만연되었습니다. 때로는 비둘기나 새끼 양 한 마리가 적정 가격의 5배 내지 6배로까지 팔렸습니다.

"예수님이 공생애를 시작하실 즈음 성전의 관리 체제는 부당 이득을 취하는 하나의 거대한 조직으로 변질되어 있었습니다. 대제사장이었던 안나스 때문에 이러한 체제가 굳어졌는데, 그는 여러 해 동안 대제사장직을 좌지우지하며 성전 안에 희생 제물로 쓰일 동물의 매매시장과 환전시장을 만들어 놓았습니다. 여기에서 생긴 이익은 전액 성전고로 들어가는 것으로 되어 있었지만, 실상은 주로 환전상들의 손으로 들어갔고, 환전상들은 다시 이들을 감독하는 제사장들에게 일정액을 바치거나 장소 사용료로 바쳤습니다. 이 같은 제사장들은 일반 백성들의 미움과 두려움을 샀습니다. (십자가에 달리시기 전 예수님을 심문했던 사람이 바로 안나스였습니다.)"[2]

3. 돈 바꾸는 자들과 장사하는 자들을 성전 밖으로 쫓아내신 일은 사람들에게 어떤 영향을 주었습니까? 지도자들에게는 어떠했습니까?

   사람들 ______________________________

   ____

   지도자들 ______________________________

   ____

2. J. W. Shepard, *The Christ of the Gospels* (Grand Rapids, Michigan: William B. Eerdmans Publishing Company, 1939), page 93.

니고데모와 대화하심

요한복음 3:1-21

니고데모는 유대 최고 통치기관인 산헤드린의 의원으로 영적인 의문에 대한 해답을 얻고자 예수님을 찾아왔습니다. 그는 재력도 있고 교양도 있었으며 사회적으로도 지위가 높은 사람이었던 것 같습니다. 그는 예수님께서 담대하게 성전을 정화하시는 모습을 직접 보았든지 아니면 누구에게 들었던 것 같습니다. 그 일이 있고 난 후 그는 예수님을 찾아와서 하나님의 나라에 대하여 물었습니다.

4. 바리새인들은 어떤 사람들이었습니까?

____

____

5. 니고데모는 예수님을 "랍비"라고 불렀습니다. 랍비는 무엇을 하는 사람입니까?

____

____

6. 니고데모는 예수님을 누구라고 생각하였습니까?(2절)

____

____

7. 예수님은 니고데모에게 어떤 특별한 말씀을 하셨습니까?(3절)

____

____

이 말의 영적인 의미는 무엇입니까? ____________________

____

____

> 질문:
> 거듭난다는 것이 무슨 말이냐고 누가 묻는다면 어떻게 대답하겠습니까?

8. 니고데모가 예수님이 하신 말씀을 잘 이해하지 못한 이유는 무엇입니까? 두 가지를 드십시오.(고린도전서 2:12-14 참조)

1) ______________________________________

____

2) ______________________________________

____

9. 요한복음 3:13-21에서 예수님이 니고데모에게 하신 말씀은 예수님이 하나님의 아들이심을 어떻게 보여 줍니까?

13절 ______________________________

____

14-15절 ______________________________

____

16-18절 ______________________________

____

10. 민수기 21:5-9을 읽으십시오. 모세가 놋뱀을 장대에 단 것과 예수님이 십자가에 달리신 것은 어떤 관계가 있습니까?(14절)

____

____

____

11. 예수님과의 대화를 통하여 니고데모는 어떤 영향을 받았습니까?

요한복음 7:43-52(특히 51절) ______________________________

____

____

요한복음 19:38-42 ______________________________

____

12. 이 구절들로부터 당신은 영생에 대하여 무엇을 배웠습니까?(16절)

____

____

____

____

예수님에 대한 세례 요한의 증거

요한복음 3:22-36

유월절이 지난 후 예수님과 제자들은 세례 요한과 그 제자들이 활동하고 있던 유대의 변두리 지역에서 사역을 시작하였습니다. 요한의 제자들은 예수님의 제자들이 자기들보다 더 많은 사람들에게 세례를 주므로 당황하게 되었습니다.

13. 요한은 자신을 예수님과 어떻게 비교했습니까?

28절 ______________________________

____

29절 ______________________________

____

30절 ______________________________

____

14. 예수님이 하나님의 아들이심을 보이기 위해 요한이 그의 제자들에게 말한 바는 무엇입니까?

31절 ______________________________

____

34절 ______________________________

____

35절 ______________________________

____

36절 ______________________________

____

15. 예수님과 예수님의 사역에 대해 요한이 취한 태도로부터 우리가 배울 수 있는 교훈은 무엇입니까?

____

____

____

____

사마리아 여인의 회심

요한복음 4:1-42

바리새인들도 예수님이 요한보다 더 많은 제자들을 삼고 있다는 것을 들었습니다. 이 사실을 아신 예수님은 사마리아를 통해 가는 길을 택하여 다시 갈릴리로 떠나가셨습니다. 유대인이 사마리아를 여행한다는 것은 이례적인 일이었습니다. 게다가 예수님이 사마리아 여자와 이야기하신 일은 더욱 그러했습니다.

16. 사마리아인들은 어떤 사람들이었습니까?(열왕기하 17:24-29과 참고 도서 참조)

____

____

____

____

유대인들은 왜 그들을 싫어했습니까?

____

____

____

____

17. 예수님이 이 여자와 이야기하신 것이 기이하게 여겨진 또 다른 이유들이 있다면 무엇이겠습니까?

____

____

____

성경은 예수님이 수가에 있는 야곱의 우물에 도착하신 때가 제6시경이었다고 말하고 있습니다. 유대인의 하루는 해가 뜨면서 시작되고 이때를 제1시, 해가 질 때 하루가 끝나며 이때를 제12시라고 불렀습니다. 따라서 제6시는 항상 정오가 되며 하루 중 가장 햇볕이 뜨거운 때였습니다.

따라서 정오에 여자가 물을 긷기 위해 나온다는 것이 흔히 있는 일은 아니었습니다. 아마도 그 사마리아 여자는 주위 사람들로부터 따돌림을 받고 있었던 것 같습니다. 그 여자는 (예수님께서 드러내신 대로) 도덕적으로 심각한 문제를 가지고 있었을 뿐만 아니라, 예배 문제에 대해 사마리아인들이 믿고 있는 바를 잘 알고 있어서, 대화의 방향을 신학적인 토론으로 돌리려 했습니다.

18. 예수님께서 "신령과 진정으로"(요한복음 4:23-24) 하나님께 예배해야 한다고 하신 말씀의 의미는 무엇입니까?

"신령과" ______________________________________

____

____

"진정으로" ____________________________________

____

19. 예수님은 그 여자의 필요는 무엇이며, 또 그 해결책은 무엇이라고 말씀하셨습니까?

10절 ______________________________

____

13-14절 ______________________________

____

25-26절 ______________________________

____

공부할 과제:
"생수"에 대한 공부.
요한복음 4:10-14과 더불어 예레미야 2:13, 요한복음 7:37-39을 읽으십시오.
당신에게 영적인 목마름이 있습니까?

20. 예수님은 제자들에게 자신의 '양식'은 '하나님의 뜻을 행하는 것'이라고 말씀하셨는데, 이 둘 사이의 유사점을 설명해 보십시오.(요한복음 4:31-34)

____

____

____

21. 사마리아 여인과 바리새인 니고데모는 당시의 종교, 도덕, 사회 계층의 양극단을 보여 주고 있습니다. 그들은 서로 어떻게 다릅니까?

	니고데모	사마리아 여인
종교적		
도덕적		
사회적		

그들의 동일한 필요는? ______________________________

____

22. "잃어버린" 사람들에 대한 예수님의 관심을 본받으려 한다면, 당신은 개인적으로 어떤 편견이나 사고방식을 버려야 하겠습니까?

23. 사마리아 여인이 마을로 돌아가서 했던 것은 무엇입니까?(요한복음 4:28-30, 39-40)

그 결과는 무엇입니까?(요한복음 4:39,41-42)

요약

그리스도의 마음

요한복음 3장과 4장에서 예수님께서는 각기 다른 두 종류의 "잃어버린" 자들, 곧 니고데모와 사마리아 여인을 만나 이야기하셨습니다. 한 사람은 상류 계층에 속한 사람인 반면 다른 사람은 하류 계층에 속한 사람이었습니다. 예수님은 두 사람 모두에게 동일하게 자신이 그리스도시며 또 영원한 구원에 이르는 길이시라는 것을 알려 주고자 노력하셨습니다.

우리의 영적 목표: "너희 안에 이 마음을 품으라. 곧 그리스도 예수의 마음이니."(빌립보서 2:5)

1. 요한복음 3:14-18과 요한복음 4:10,14,25-26에서 예수님이 행하신 것은 무엇입니까?

2. 예수님은 왜 이 두 사람에게 증거하는 것이 중요하다고 생각하셨습니까?(요한복음 3:16)

3. 예수님이 보여 주신 성품은 무엇입니까?

4. 당신을 비롯한 모든 사람이 다 예수님의 본을 따라 다른 이들에게 증거하는 삶을 사는 것이 중요한 이유는 무엇입니까?(로마서 10:13-14)

개인 적용

"잃어버린 자들"에 대해 예수님이 가졌던 마음을 우리도 가져야 합니다. 주님께 나아가 구원의 복음을 들어야 할 사람에게 당신의 발걸음을 인도해 주시도록 기도하십시오.

전도를 위한 계획을 세워 실천한 다음, 구체적인 실천 내용과 그 결과를 기록해 보십시오.

제 5 장

병 고침으로 확증된 사역

병 고침과 가르침

다음 사건들이 일어났던 장소를 아래에 기록하고, 그 위치를 지도에 표시하십시오. 예수님의 여행 경로를 작은 화살표로 나타내십시오.

1. 앞 장에서 마지막 머무르신 곳

____

2. 왕의 신하의 아들을 고치심 (요한복음 4:46)

____

3. 배척을 받으심 (누가복음 4:16)

____

4. 제2의 고향 (마태복음 4:13)

____

5. 제자들을 모으심 (누가복음 5:1)

____

(마태복음 2:1,14)

____

6. 병을 고치심 (마가복음 1:21,39)

____

7. 안식일에 대한 가르침 (요한복음 5:1)

____

8. 안식일에 대한 또 다른 논쟁들 (마가복음 2:1,23,3:7)

____

9. 열두 사도를 택하심 (누가복음 6:12-13, 7:1)

____

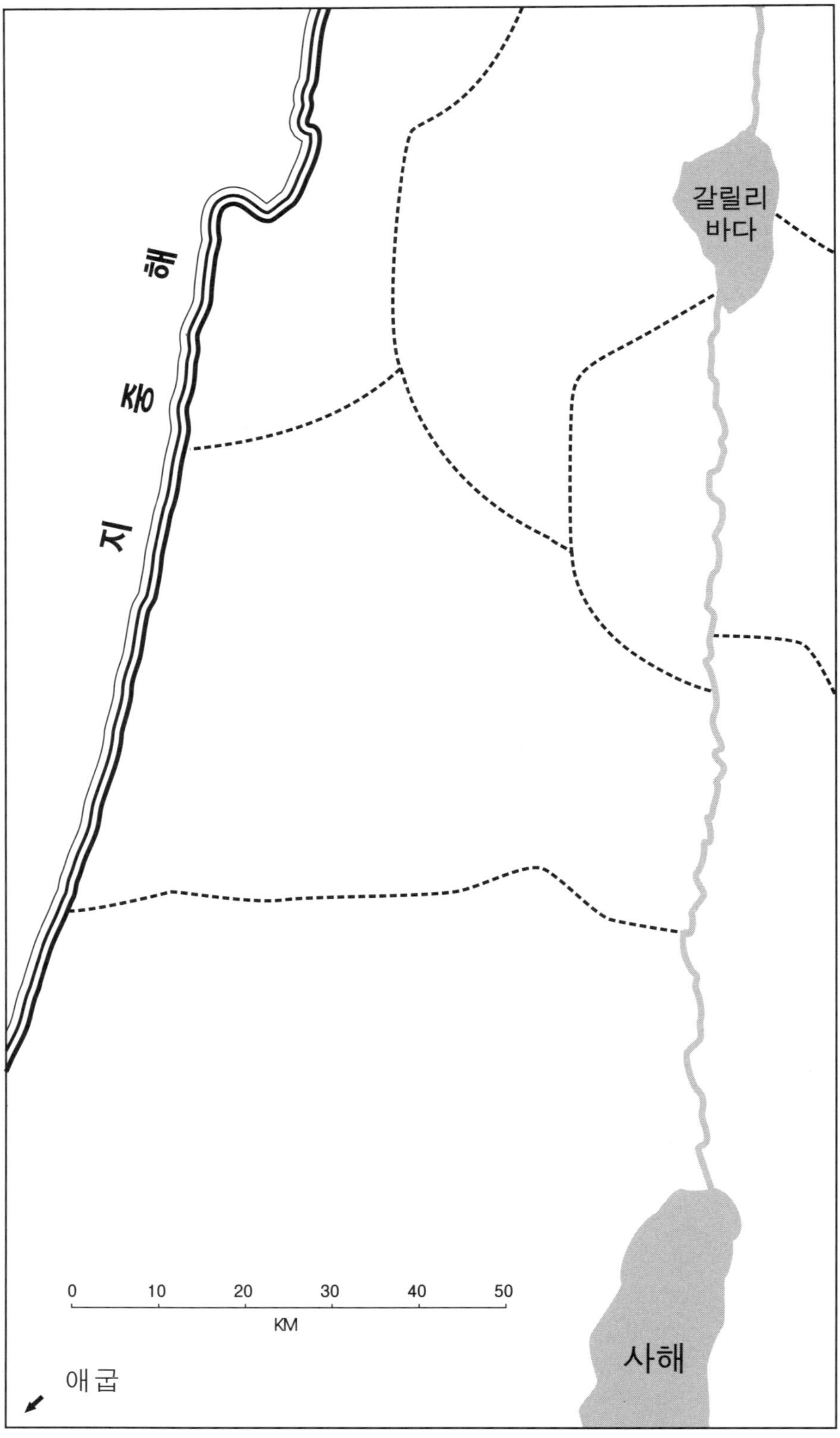

병 고침으로 확증된 사역

나 주 여호와가 말하노라. 내가 친히 내 양의 목자가 되어 그것들로 누워 있게 할지라. 그 잃어버린 자를 내가 찾으며, 쫓긴 자를 내가 돌아오게 하며, 상한 자를 내가 싸매어 주며, 병든 자를 내가 강하게 하려니와, 살진 자와 강한 자는 내가 멸하고 공의대로 그것들을 먹이리라.
에스겔 34:15-16

이제 예수님은 예루살렘으로부터 사마리아를 거쳐 자신이 자랐던 갈릴리로 돌아오셨습니다. 갈릴리라는 말은 히브리어의 "원(Circle)"을 의미하는 갈릴(*galil*)에서 나온 말입니다. 유다 지파에 속하지 않은 사람들이 살고 있던 이곳에서 예수님은 폭넓게 사역을 시작하셨는데, 이를 대 갈릴리 사역(the Great Galilean Ministry)이라고들 부릅니다.

갈릴리의 지리적 환경

누가복음 4:14-15

1. 성서 사전이나 성서 백과 사전을 사용하여 예수님 당시의 갈릴리에 대하여 기술해 보십시오. ("팔레스틴"이라는 이름으로도 찾아보아야 할 것입니다.)

크기 ______________________________

____

인구 ______________________________

____

기후 ______________________________

____

민족 ______________________________

____

주요 도시 ______________________________

____

"예수님의 사역이 갈릴리에서 가장 두드러진 것은 당연한 일이었습니다. 이곳은 팔레스틴 지방에서 가장 아름답고, 비옥하며, 인구가 많은 지역이었습니다. 햇살이

밝게 빛나는 갈릴리 바다는 건장한 어부들이 많고, 아름다운 산하에 둘러싸여 예수님의 놀라운 생애와 사역을 위해 가장 적합한 환경을 제공해 주었습니다. 여러 이방 민족들이 사는 갈릴리 지방은 온 세상에 전할 복음을 위해 선택된 요람이었던 것입니다. 예수님은 무리 가운데 어울리기를 좋아하셨습니다. 주님께서는 사람들을 사랑하셨으며, 바로 여기서 다양한 국적을 가진 모든 유형의 사람들, 많은 이질적인 요소들로 이루어진 많은 무리를 보셨던 것입니다."[1]

신하의 아들을 고치심

관찰:
여기서부터 예수님의 말씀의 능력을 주목해 보십시오.

요한복음 4:46-54

유대에서 예수님이 행하신 기적들에 대한 소문(누가복음 4:14-15)을 듣고 헤롯의 한 신하는 자기의 병든 아들을 위하여 예수님을 찾아왔습니다.

2. 예수님은 어떻게 이 신하의 믿음을 시험하셨습니까?(50절)

____

____

이 신하는 예수님의 시험에 어떻게 반응했습니까?

____

____

3. 아들이 나음으로 말미암아 영적으로는 무슨 일이 일어났습니까?(53절)

____

____

____

나사렛에서 배척받으심

누가복음 4:16-30

예수님에 대한 소문은 온 갈릴리 지방에 두루 퍼졌습니다. 얼마 동안은 회당에서 말씀을 가르치기도 하시며 크게 환영을 받았습니다. 그후 고향인 나사렛을 방문하여 회당에서 자신이 메시야임을 밝히자 오히려 배척을 받게 되었습니다.

1. J. W. Shepard, *The Christ of the Gospels* (Grand Rapids, Michigan: William B. Eerdmans Publishing Company, 1939), page 115.

4. 당시에 유대인들이 주로 회당에서 모임을 가졌던 이유는 무엇입니까?(성서 사전이나 성서 백과 사전을 찾아보십시오.)

5. 예수님께서 이사야 61:1 말씀을 택하여 읽으신 이유는 무엇이라고 생각합니까?(누가복음 4:17-21)

18절

19절

21절

관찰:
이사야는 예수님 사역의 몇 가지 특징인 복음 전파, 병 고침, 구속 등에 대하여 예언했습니다.

6. 나사렛 사람들은 무엇 때문에 다른 갈릴리 사람들과는 달리 예수님을 공개적으로 배척했습니까?

22절

7. 그들의 배척에 대하여 예수님은 어떻게 설명하셨습니까?

24절

질문:
오늘날 사람들이 예수님을 배척하는 이유는 무엇입니까?

가버나움에 가심

마태복음 4:13-17 누가복음 4:31상

나사렛에서 배척을 받으신 예수님은 가버나움으로 가셨습니다. 이 도시는 갈릴리 바다의 북서쪽 해변에 위치해 있었습니다. 이곳에는 회당이 하나 있었고, 또 로마군이 주둔하고 있었던 것 같습니다. 예수님은 가버나움을 활동 중심지로 삼으셨습니다. 이런 관계로 이 도시는 "본 동네(주님의 고향)"로 알려지게 되었습니다(마태복음 9:1). 후에 주님은 믿음이 없는 것을 인하여 이 도시를 책망하셨고 그 멸망을 예고하셨습니다(마태복음 11:20-24).

8. 예수님이 이렇게 나사렛이 아니라 가버나움을 사역의 본거지로 삼으신 이유는 무엇입니까?

이것은 오늘날 각 개개인에 대하여 예수님이 보이시는 반응과 어떤 점에서 비슷합니까?

제자들을 모으심

예수님은 가버나움에 정착하시는 대로 곧 천국 복음을 전파하시며 자기를 따르도록 제자들을 불러모으기 시작하셨습니다.

"'나를 따라오너라'는 말은, 제자로 부르는 의미를 담고 있었습니다. 랍비들뿐 아니라, 어떤 분야의 대가(大家)이든지 자기 주위에 제자들의 무리를 모으는 것은 매우 신성한 의무의 하나로 여겼습니다. 그러므로 베드로나 안드레, 또한 세베대의 아들들도 그리스도의 부르심을 잘못 이해할 리 없었고, 게다가 그것을 이상히 여겼을 리도 없습니다. …

"그들이 예수님과 친밀한 교제를 나누는 관계에 이르기까지는 점진적인 과정이 있었습니다. 그 과정을 세 단계로 구분해 볼 수 있습니다. 먼저, 제자들은 단지 예수님이 그리스도이신 것을 믿고 절기나 행사 때 동행한 정도였습니다.

"다음에는, 제자들이 세상의 일들을 전적으로 또는 계속 포기해 나가면서, 인격적인 교제 가운데, 예수님과 지속적으로 동행한 단계입니다.

"끝으로, 그리스도를 따른 많은 사람들 가운데서 열두 제자들을 특별히 택하셔서 사도로서의 큰 일을 감당할 수 있도록 제자도의 최고 단계에 이르기까지 훈련하신 것을 볼 수 있습니다."[2]

몇 명의 어부들

마태복음 4:18-22 누가복음 5:1-11

9. 이 사람들이 그리스도를 따르게 된 동기는 무엇입니까?(누가복음 5:3,6)

2. A. B. Bruce, *The Training of the Twelve* (Doubleday, Doran & Company, Inc., 1928), pages 11-12.

10. 마태복음 4:19에서 예수님이 도전으로 주신 다음 각 어구에 함축된 의미는 무엇입니까?

나를 따라오너라 ______________________

내가 너희로 … 되게 하리라 ______________________

사람을 낚는 어부 ______________________

공부할 과제:
마태복음 4:19과 요한복음 5:5의 예수님의 말씀을 비교해 보십시오.

세리

누가복음 5:27-32

죄인들에 대한 예수님의 태도가 전통적인 유대인들과 어느 정도로 달랐는지를 이해하려면 당시 랍비의 가르침들을 살펴보아야 합니다. 그들은 죄를 속죄하기 위해서는 반드시 어떤 값을 치러야지 대가 없이 무조건적으로 죄를 용서받는다는 것은 있을 수 없다고 생각했습니다. 예수 그리스도는 모든 죄인들을, 그들의 과거가 어떠했든지 상관없이, 환영하며 은혜의 잔치에 초청하셨습니다.

질문:
어떤 그룹에서 당신 혼자만 그리스도인이고 나머지는 모두 불신자인 경우가 있었습니까? 그때 당신은 그들을 받아들였습니까? 아니면 거부했습니까? 그들의 활동에 참여했습니까? 어떤 느낌이 들었습니까?

11. 세리들은 왜 대부분의 유대인들에게서 멸시를 받았습니까?

____

12. 예수님이 마태에게 보여 주신 태도로부터 우리는 예수님에 관하여 무엇을 배울 수 있습니까?

____

병 고침과 가르침

마가복음 1:21-2:13

예수님은 두루 다니시며 병을 고치셨습니다. 예수님이 가시는 곳마다 사람들은 그 주위에 모여들었습니다. 예수님은 그들의 병을 고치신 후에 그들을 가르치셨습니다. 예수님은 안식일에 병을 고치심으로 종교 지도자들의 비위를 상하게 했습니다.

13. "가르치시는 것이 권세 있는 자와 같고"는 무슨 뜻입니까?(마가복음 1:21-22)

14. 예수님은 가신 거의 모든 곳에서 사람들의 병을 고치셨습니다. 다음 표를 채우십시오. (모든 빈칸을 다 채워야 하는 것은 아닙니다.)

관련 구절/ 누가 어떤 병을 고침받았는가	어떻게 고침을 받았는가	고침받은 이유	반응 및 결과
마가복음 1:21-28 누가복음 4:31하-37 더러운 귀신 들린 사람			
마태복음 8:14-17 마가복음 1:29-31 누가복음 4:38-41 시몬의 장모-열병			
마태복음 8:2-4 마가복음 1:40-45 누가복음 5:12-16 문둥병자			
마태복음 9:1-8 마가복음 2:1-13 누가복음 5:17-26 중풍병자			

15. 당신은 예수님이 이렇게 병을 고치신 일들로부터 어떤 실제적인 결론을 얻을 수 있겠습니까?

____

____

____

병 고치신 일 가운데 처음 세 번은 아직 가버나움에 계실 때 이루어졌습니다. 예수님은 갈릴리의 여러 마을과 성을 다니시며 문둥병자와 중풍병자들을 고치셨습니다(마가복음 1:39).

16. 바쁜 활동 가운데서도 두드러진 예수님의 사역의 특징은 무엇이었습니까?(마가복음 1:35-38, 누가복음 4:42-43 참조.)

마가복음 1:35-37 ______________________________

____

____

누가복음 5:16 ______________________________

____

____

안식일에 대한 논쟁들

마가복음 2:23-3:12 요한복음 5:1-47

"자신이 메시야라고 주장하신 것 말고는, 안식일 문제만큼 예수님이 유대의 종교 지도자들과 날카롭게 대립한 문제도 없습니다. 예수님은 당시의 율법주의적인 제약들이 안식일에 대한 원래의 취지에 어긋나는 것이라 하여 이를 정면으로 반대하셨습니다. 당시 랍비들은 안식일은 그 자체가 목적이며, 경건한 이스라엘 사람이라면 어떤 희생을 감수하고라도 지켜야 하는 제도라고 생각했던 것 같습니다. 바꿔 말하면 사람이 안식일을 위해 지어졌고, 따라서 사람은 고통을 겪어도 되지만 그 제도만은 그대로 지켜야 한다고 생각했던 것입니다.

"이와 반대로 예수님은 안식일이 사람의 유익을 위해서 만들어졌다고 가르치셨습니다. 인간의 필요와 율법의 문자적인 의미 사이에 마찰이 생긴다면 인간의 필요와 유익이 안식일에 관한 율법보다 우선되어야 한다고 가르치신 것입니다."[3]

3. John R. Sampey, "Sabbath," *The International Standard Bible Encyclopedia,* (Grand Rapids, Michigan: William B. Eerdmans Publishing Company, 1956), page 2631

17. 다음 구절들을 공부하고 다음 표를 완성하십시오.

쟁점 및 책망 내용	반응 및 바리새인들의 반박	그리스도의 반론(가르침)	결과
요한복음 5:1-17			
8-9절	16절	17절	16절
	10절		
마가복음 2:23-28			
23절	24절	25-26절	
		27절	
마가복음 3:1-6			
1, 2, 5절	2절	4절	6절

18. 예수님의 태도와 바리새인들의 태도를 비교해 볼 때 어떤 결론을 내릴 수 있습니까?

바리새인들과 이러한 논쟁을 하신 후에, 예수님은 갈릴리 바다의 연안 지방으로 물러가셔서, 거기서 병을 고치시고 많은 것을 가르치셨습니다.

열두 사도를 택하심

누가복음 6:12-16

예수님은 자기를 따르는 제자들 가운데서 12명을 택하셔서 사도로 삼으셨습니다. 얼른 보면, 사도들 명단에 모순이 있는 것처럼 보입니다. 야고보의 아들 유다는 마태복음과 마가복음에는 다대오로 기록되어 있습니다. 바돌로매는 아마 나다나엘이었던 같습니다. 베드로는 언제나 명단의 처음에 나오고 가룟 유다는 맨 뒤에 나옵니다. 대개 짝을 지어 이름이 나오는데, 이것은 그들이 짝을 지어 동역했다는 것을 말해 줍니다. 서로 친 형제지간인 제자들도 두세 쌍 있었습니다. 또 빌립과 나다나엘은 절친한 친구 사이였습니다. 가룟 유다를 제외하고는 모두 갈릴리 사람들입니다. 유다는 유대 사람이었습니다.

관찰:
이것은 예수님의 사역에서 아주 중요한 사건입니다.
후에 그와 함께 동역하게 될 사람들이 바로 이들이며, 이들이 제자삼는 자가 될 것이기 때문입니다.

19. 사도라는 말은 무엇을 의미합니까?(성서 사전 참조)

20. 이것은 열두 사람에게 어떻게 적용됩니까?(마태복음 28:19-20)

질문:
그날 예수님께서 당신을 그 열둘 중 한 사람으로 선택하셨다면 어떤 느낌이 들었겠습니까?

21. 열둘을 택하시기 전에 예수님은 먼저 무엇을 하셨습니까?(누가복음 6:12)

요약

그리스도의 마음

1. 예수님은 종종 무엇을 하셨습니까?(누가복음 5:16)

____

____

우리의 영적 목표: "너희 안에 이 마음을 품으라. 곧 그리스도 예수의 마음이니."(빌립보서 2:5)

다음 빈칸을 채우십시오.

	장소	때
마가복음 1:35	______	______
누가복음 5:16	______	______
누가복음 6:12	______	______

질문:
어떤 사람을 어떻게 알아가게 됩니까? 예레미야 9:23,24은 하나님을 아는 것이야말로 무엇보다도 중요한 일이라고 이야기합니다.
당신은 하나님을 얼마나 잘 알고 있습니까?

2. 예수님은 기도를 왜 중요하게 생각하셨습니까?(요한복음 6:38)

____

____

기도를 통해서 얻을 수 있는 유익 두 가지는 무엇입니까?

예레미야 33:3 ______________________________

____

야고보서 1:5 ______________________________

____

기도하신 후 예수님은 무슨 활동(일)을 하셨습니까?

마가복음 1:39 ______________________________

____

마가복음 1:42 ______________________________

____

누가복음 5:17 ______________________________

____

누가복음 6:13 ______________________________

____

____

3. 기도 생활을 통해서 예수님께서 보여 주신 성품은 무엇입니까?

4. 예수님의 본을 따르기 위해 당신이 할 수 있는 것은 무엇입니까?

개인 적용

어떻게 기도 생활을 발전시킬 수 있겠습니까?

이를 위한 계획을 세워 실천한 다음, 구체적인 실천 내용과 그 결과를 기록해 보십시오.

제 6 장

산상수훈

산상수훈

이 말씀을 주셨던 곳을 찾아보십시오.
(마태복음 5:1-8:1)

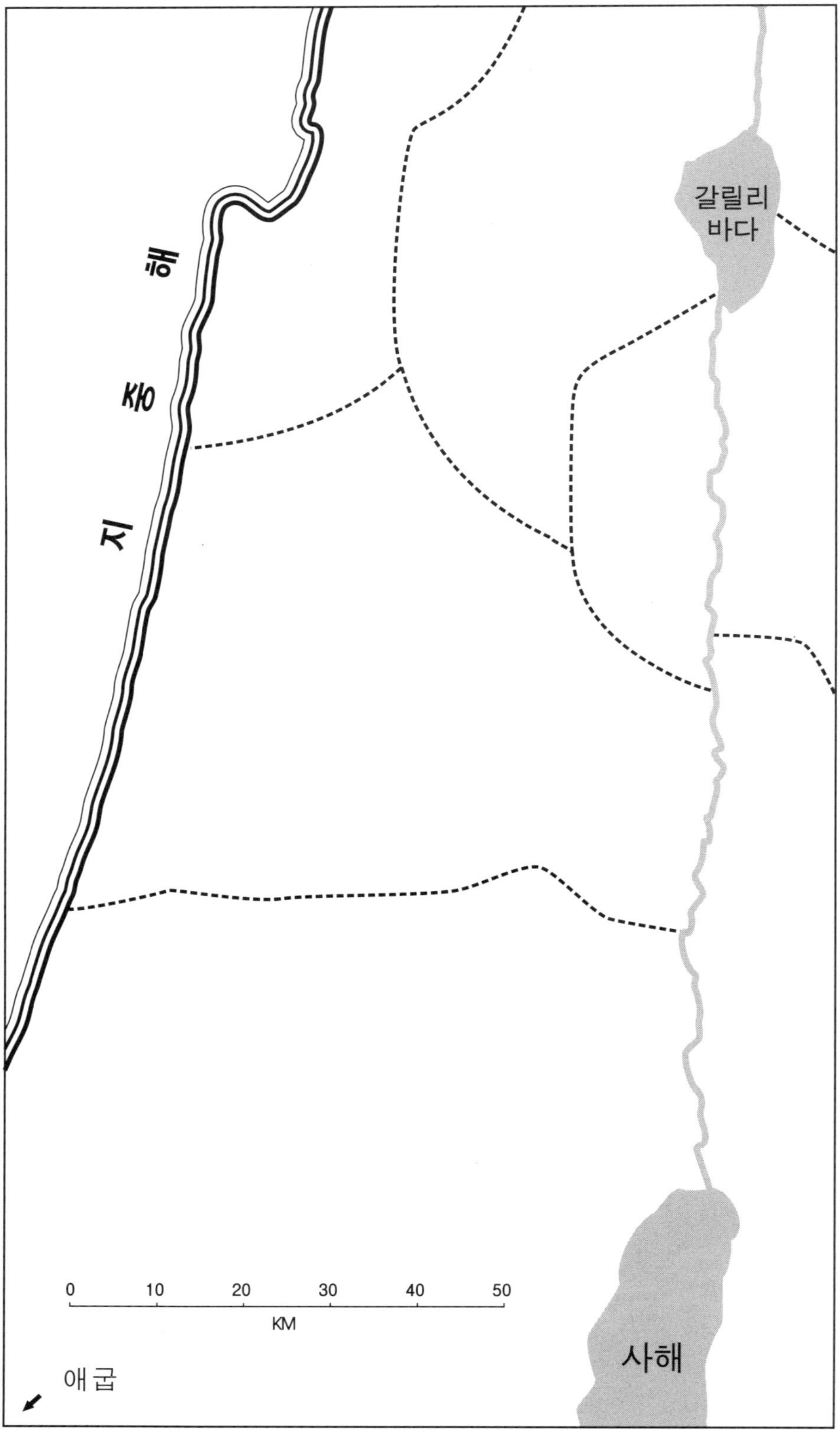

산상수훈

오직 위로부터 난 지혜는 첫째 성결하고 다음에 화평하고 관용하고 양순하며 긍휼과 선한 열매가 가득하고 편벽과 거짓이 없나니.
야고보서 3:17

열두 제자를 택하신 이후에 예수님은 산상수훈으로 알려져 있는 설교를 시작하셨습니다. 설교를 하신 정확한 위치는 알려져 있지 않지만, 갈릴리 바다 근처의 가버나움과 게네사렛 사이에 있는 어느 지점으로 추정됩니다. 여기서 예수님은 제자들과 따르는 무리에게 말씀을 전하셨습니다. 예수님은 하나님의 나라에서의 삶의 원리들-자기를 따르는 사람들의 특성들-을 말씀하셨고, 사람의 행동 이면에 있는 태도의 중요성을 밝히 보여 주셨습니다. 이것은 유대 지도자들이 외적인 행동을 강조한 것과는 큰 대조를 이루었습니다.

산상수훈은 마태복음에 기록된 것처럼 단지 한 번의 가르침은 아니었습니다. 예수님은 아마도 여러 차례에 걸쳐 이 내용의 말씀을 하신 듯합니다. 많은 내용들이 여러 다른 상황하에서 여러 가지 형식으로 반복적으로 나타나 있습니다. 예를 들어, 누가복음에는 평지에서 짧게 설교하신 것으로 기록하고 있는데, 이것은 마태복음에 기록된 내용들 중 일부분을 담고 있습니다.

이 기간 동안의 사역에서, 예수님은 "하나님의 나라에 대해 깨우쳐 주며 그리로 인도하기 위한 중요한 원리들을 강론하셨습니다. 이 설교의 말씀은 단순한 윤리적인 규범이 아니며, 오히려 그 숭고한 도덕적인 원리들은 인간의 모든 도덕 기준들을 훨씬 뛰어 넘는 것이었습니다. 여기에 나타난 의에 대한 그리스도의 이상은 이제까지 인간은 결코 비슷하게조차도 실현하지 못한 이상적인 의였습니다. 예수님은 이 설교 말씀에서 보여 주신 보편적인 영원한 원리들에서, 영원한 나라의 일을 위한 기초를 만들어 놓으셨습니다. 여기에서 예수님은 이전의 모든 기준들을 뛰어 넘어 인류를 위한 새롭고 궁극적인 신앙의 목표를 제시하셨습니다. 산상수훈에서 예수님은 성품과 특권, 행동과 의무, 신앙의 목적, 사람과 하나님 그리고 사람과 사람과의 관계, 삶의 최고의 목표와 목적 그리고 그것을 성취하는 방법에 대한 최종적인 말씀을 주셨습니다."[1]

예수님이 여기서 언급하신 인격과 태도는 자신의 노력을 통해서가 아니고 오직 성령의 역사를 통해서만 얻을 수 있다는 사실을 간과해서는 안 됩니다.

1. J. W. Shepard, *The Christ of the Gospels* (Grand Rapids, Michigan: William B. Eerdmans Publishing Company, 1939), page 419.

팔복(八福)

마태복음 5:1-16

팔복(八福)이란 복에 대한 특별한 선언, 특히 예수 그리스도의 입술로부터 나온 선언입니다. 팔복은 예수 그리스도를 믿는 사람들의 삶에 나타나야 할 인격을 보여 줍니다. 그리스도를 닮은 인격은 그리스도를 닮은 행위로 나타납니다. 복이 있다는 말이 사람에게 사용될 때는, 사랑받다 또는 행복하다는 의미입니다.

1. 팔복의 의미를 좀더 분명히 파악하기 위해서, 다음의 표를 완성하십시오.(각각의 복에 대한 정의를 내릴 때 도움을 얻기 위해 성경이나 성서 핸드북 또는 성서 사전을 이용해도 좋습니다.)

예수님이 말씀하신 성품(그 의미를 자신에게 적용해 정의할 것)	이 성품에 관계된 약속(그 의미를 자신에게 적용해 정의할 것)	이번 주에 이 성품을 삶에 적용하기 위한 구체적인 활동 계획
3절 "심령이 가난함" 자신에 대해 겸손하고 정직한 견해를 갖는 것.	"천국이 저희 것임이요" 이땅에서도 그리스도의 왕국의 영광과 내적 기쁨을 누린다.	지금 진행 중인 업무를 성공적으로 마칠 경우, 내게 능력을 주신 예수님께 그 영광을 돌려야겠다.
4절 "애통함" 나의 죄에 대해 슬퍼하며 그 죄로부터 돌이켜 떠나는 것.	"저희가 위로를 받을 것임이요"	
5절 "온유함" 어떤 환경 가운데서도 하나님께 굴복하며 모든 사람들에게 온유하게 대하는 것.	"저희가 땅을 기업으로 받을 것임이요"	

6절 "의에 주리고 목마름" 그리스도의 의(거룩함)를 간절히 사모하는 것.	"저희가 배부를 것임이요"	
7절 "긍휼히 여김" 나를 괴롭히며 마음을 상하게 하는 자에게 똑같이 대하기보다는 불쌍히 여기는 것.	"저희가 긍휼히 여김을 받을 것임이요"	
8절 "마음이 청결함" 모든 죄로부터 마음을 지키며 하나님의 영광을 구하는 것.	"저희가 하나님을 볼 것임이요"	
9절 "화평케 함" 갈등으로부터 평화를 회복시키는 것.	"저희가 하나님의 아들이라 일컬음을 받을 것임이요"	
10절 "의를 위하여 핍박을 받음" 하나님의 시야에서 의로운 "선"을 행하기 위해 기꺼이 고난을 받는 것.	"천국이 저희 것임이라"	
11-12절 "예수님을 인하여 욕과 핍박을 당함" 단지 예수님을 믿는다는 이유로 사람들로부터 따돌림 받고 부당한 대우를 받는 것.	"하늘에서 너희의 상이 큼이라"	

질문:
예수님은 거룩함에 대하여 우리에게 무엇이라고 말씀하십니까? 베드로전서 1:15-16, 고린도후서 7:1, 히브리서 12:10을 근거로 답하십시오.

관찰:
거룩함은 선택 사항이 아닙니다. 거룩하지 않고는 주님과 긴밀한 교제를 가질 수 없습니다. 시편 66:18과 시편 15편 전체를 보십시오.

2. 예수님은 그리스도인은 세상의 소금이라고 말씀하셨습니다(마태복음 5:13). 소금의 역할은 무엇입니까? 어떻게 "소금"이 될 수 있습니까?

1) ____________________

____

2) ____________________

____

3) ____________________

____

3. 예수님은 그리스도인은 세상의 빛이라고 말씀하셨습니다(마태복음 5:14-16). 어떻게 빛이 될 수 있습니까?

1) 16절 ____________________

____

2) ____________________

____

율법의 참된 의미

마태복음 5:17-48

예수님은 다시 율법의 문제로 돌아오셨습니다. "예수님의 가르침은 바리새인들이나 사두개인들의 가르침(이들의 가르침은 구약성경을 기초로 하는 것이라 생각되었습니다)과 너무 달랐습니다. 그래서, 사람들은 예수님이 구약 말씀의 권위를 부인하고 자신의 말을 하나님의 말씀이라고 주장하고자 하는 것은 아닌가 하는 생각을 하게 되었습니다."[2]

4. 예수님은 자신과 율법과의 관계를 어떻게 설명하셨습니까?(17절)

____

____

____

____

____

2. Arthur W. Pink, *An Exposition of the Sermon on the Mount* (Grand Rapids, Michigan: Baker Book House, 1950, 1953), page 49.

5. 예수님은 그 다음에 율법에 대한 구약성경의 가르침을 더 상세히 설명하셨습니다. 다음의 표를 완성하십시오.

장절	구약성경의 가르침	예수님의 가르침	적용
21-26절	21절 "살인치 말라"	22절 "형제에게 노하는 자마다 심판을 받게 되고"	22절 나는 형제에게 "바보", "멍청이" 등과 같은 욕을 하지 않겠다. 23-24절 누구에게 잘못한 일이 있으면 하나님께 나아가기 전에 먼저 그 사람에게 가 용서를 구해야 하겠다.
27-30절	27절 "간음치 말라"	28절	29-30절
31-32절	31절 "아내를 버리거든 이혼 증서를 줄 것이라"	32절	
33-37절	33절 "헛맹세를 하지 말고 네 맹세한 것을 주께 지키라"	34-35절	37절
38-42절	38절 "눈은 눈으로 이는 이로 갚으라"	39상	39하-42절

43-48절	43절 "네 이웃을 사랑하고 네 원수를 미워하라"	44절	46-48절

행위의 동기와 원리

마태복음 6:1-8, 6:14-7:12

자신의 가르침과 율법과의 관계에 대해 말씀하신 다음 예수님은 종교적 행위 및 일상 생활의 동기와 원리들에 대하여 설명하셨습니다.

6. 예수님은 "사람에게 보이려고 그들 앞에서 너희 의를 행치 않도록 주의하라. 그렇지 아니하면 하늘에 계신 너희 아버지께 상을 얻지 못하느니라"고 말씀하셨습니다. 예수님이 은밀히 행하라고 말씀하신 세 가지 것은 무엇입니까? 그 이유는 무엇입니까?(마태복음 6:1-18)

2-4절 ______________________________

____

왜? ______________________________

____

____

5-6절 ______________________________

____

왜? ______________________________

____

____

16-18절 ______________________________

____

왜? ______________________________

____

____

주: 여기서 마태는 "주기도문"을 기록하고 있습니다(6:9-13). 이것은 다른 장(제2권, 6장)에서 공부할 것이므로, 여기서는 논의하지 않겠습니다.

7. 물질에 대한 당신의 태도는 어떠해야 합니까? 그 이유는 무엇입니까?(마태복음 6:19-34)

19-21절 ______________________

____

왜? ______________________

____

24절 ______________________

____

왜? ______________________

____

25-32절 ______________________

____

왜? ______________________

____

8. 당신의 가장 중요한 관심사는 무엇이어야 합니까? 왜 그렇습니까?

33절 상 ______________________

____

하나님의 약속 ______________________

____

9. 마태복음 6:19-34 말씀은 팔복에 나와 있는 어떤 태도(들)와 관련이 있습니까? 어떻게 관련되어 있습니까?

마태복음 5:6 ______________________

____

약속된 축복 ______________________

____

10. 이 문맥에서 사용된 "비판"의 의미를 정의해 보십시오.(마태복음 7:1-5)

____

____

____

____

11. 당신은 왜 다른 사람들을 비판하지 말아야 합니까?

2절 ______________________________

____

3-5절 ______________________________

____

12. 예수님이 자기를 따르는 자들에게 약속하신 것을 요약하십시오.

7,8,11절 ______________________________

____

13. 예수님은 육신의 아버지와 하늘에 계신 아버지를 어떻게 비교하셨습니까?

9-11절 ______________________________

____

____

____

훈계와 명령

마태복음 7:13-8:1

예수님은 산상수훈의 결론으로, 설교 말씀 전반에 걸쳐 보여 주신 높은 이상들을 하나님 나라의 백성이 어떻게 성취할 수 있는가에 대하여 말씀하셨습니다. 즉, 좁은 문으로 들어가며, 거짓 선지자들을 삼가며, 좋은 열매를 맺으며, 하나님의 말씀에 순종함으로 반석 위에 집을 세우는 삶을 살라고 말씀하셨습니다.

14. 생명으로 인도하는 문에 대해서 설명하십시오.(13-14절)

____

____

____

누가 하늘나라에 이르는 문입니까?

____

____

____

15. 좋은 열매와 나쁜 열매에 대해 설명해 보십시오.(15-20절)

16. 지혜로운 사람은 반석 위에 집을 지었으므로 비가 내리고 창수가 나고 바람이 불어도 무너지지 않습니다(24-27절). 이것이 오늘날 당신의 삶에는 어떻게 적용됩니까?

요약

그리스도의 마음

우리의 영적 목표: "너희 안에 이 마음을 품으라. 곧 그리스도 예수의 마음이니."(빌립보서 2:5)

1. 팔복을 통해서 예수님이 사람들에게 가르치신 원리는 무엇입니까?(마태복음 5:3-12)

2. 이 진리를 가르치신 이유는 무엇입니까?(마태복음 5:20, 5:6)

3. 예수님은 우리의 행위를 어떻게 판단하십니까?(사무엘상 16:7)

4. 당신의 행위를 살펴볼 때 예수님의 가르침을 따르기 위해서 당신이 해야 할 바는 무엇입니까?(잠언 4:23)

개인 적용

마태복음 5:3-12에서 예수님은 아홉 가지 성품에 대해 말씀하셨습니다. 86-87쪽의 표를 복습하고 당신이 계발하고자 하는 성품 한 가지를 결정하십시오.

이를 위한 계획을 세워 실천한 다음, 구체적인 실천 내용과 그 결과를 기록해 보십시오.

참고 문헌

Alexander, David and Patricia(eds.). *Eerdmans Handbook of the Bible.* Grand Rapids, Michigan: William B. Eerdmans Publishing Company, 1973.

Baxter, J. Sidlow. *Explore the Book.* Volume V. Grand Rapids, Michigan: Zondervan Publishing House, 1960.

Bruce, Alexander Balmain. *The Training of the Twelve.* New York: Doubleday & Company, Inc., 1928.

Daniel-Rops, Henri. *Daily Life in the Time of Jesus.* New York: Hawthorn Books, 1962.

Edersheim, Alfred. *The Life and Times of Jesus the Messiah.* Two Volumes. Grand Rapids, Michigan: William B. Eerdmans Publishing Company, n.d.

Geldenhuys, Norval. *Commentry on the Gospel of Luke.* Grand Rapids, Michigan: William B. Eerdmans Publishing Company, 1951.

Gundry, Robert H. *A Survey of the New Testament.* Grand Rapids, Michgan: Zondervan Publishing House, 1970.

Guthrie, Donald. *Jesus the Messiah.* Grand Rapids, Michigan: Zondervan Publishing House, 1972.

Hendriksen, William. *New Testament Commentary*: The Gospel of Matthew. Grand Rapids, Michigan: Baker Book House, 1973.

Marshall, I. H. "The Gospel According to Luke," *The New Bible Commentary Revised.* Grand Rapids, Michigan: William B. Eerdmans Publishing Company, 1970.

McNicol, J. "The Gospel According to Luke," *The New Bible Commentary.* Grand Rapids, Michigan: William B. Eerdmans Publishing Company, 1965.

Mears, Henrietta C. *What the Bible is All About.* Glendale, California: Gospel Light Publication, 1966.

Metzger, Bruce M. *The New Testament, Its Background, Growth, and Content.* New York: Abingdon Press, 1965.

Morgan, G. Campbell. *The Crises of the Christ.* Old Tappan, New Jersey Fleming H. Revell Company, 1903.

National Geographic Society, *Everyday Life in Bible Times.* Washington, D.C.: National Geographic Society, 1967.

Orr, James(ed.). *The International Standard Bible Encyclopedia.* Five Volumes. Grand Rapids, Michigan: William B. Eerdmans Publishing Company, 1956.

Pink, Arthur W. *An Exposition of the Sermon on the Mount.* Swengel, Pennsylvania: Bible Truth Depot, 1950.

Robertson, A. T. *A Harmony of the Gospels.* New York: Harper & Brothers Publishers, 1950.

Sauer, Erich. *The Dawn of World Redemption.* Grand Rapids, Michigan: William B. Eerdmans Publishing Company, 1951.

Schaeffer, Francis and Edith. *Everybody Can Know.* Wheaton, Illinois: Tyndale House Publishers, 1974.

Scroggie, W. Graham. *A Guide to the Gospels.* Old Tappan, New Jersey: Fleming H. Revell Company, n.d.

Shepard, J. W. *The Christ of the Gospels.* Grand Rapids, Michigan: William B. Eerdmans Publishing Company, 1939.

Smith, David. *The Days of His Flesh.* New York: Harper & Brothers Publishers, n.d.

Stalker, James. *Life of Christ.* Old Tappan, New Jersey: Fleming H. Revell Company, 1909.

Stewart, James S. *The Life and Teaching of Jesus Christ.* Edinburgh: The Committee on Publications, the Church of Scotland, 1933.

Tasker, R.V.G. *The Gospel According to St. Matthew*-An *Introduction and Commentary,* Grand Rapids, Michigan: William B. Eerdmans Publishing Company, 1961.

Tenney, Merrill C. *John: The Gospel of Belief.* Grand Rapids, Michigan: William B. Eerdmans Publishing Company, 1948.

Tenney, Merrill C. *New Testament Times.* Grand Rapids, Michigan: William B. Eerdmans Publishing Company, 1965.

Unger, Merrill F. *Unger's Bible Handbook.* Chicago: Moody Press, 1966.

도표로 본 예수 그리스도의 생애와 사역

권	장	단락	마태복음	마가복음	누가복음	요한복음
I	제1장 그리스도께서 오시기까지의 배경	메시야가 오신다는 예언				
		메시야의 세 가지 직분				1:1-18
		메시야의 신성				
		메시야의 가계(家系)	1:1-17		3:23하-38	
		지리적인 배경				
		복음서의 저자들		1:1	1:1-4	
		두 가지 약속				
		사가랴와 엘리사벳에게 주신 약속			1:5-25	
		마리아에게 주신 약속			1:26-38	
		마리아가 엘리사벳을 방문함			1:39-56	
		요한의 출생			1:57-80	
	제2장 예수님의 탄생과 어린 시절	마리아와 요셉	1:18-25			
호적(인구조사) 주전 5년경 베들레헴		예수님의 탄생			2:1-10	
		예수님의 유아기				
		헌신 의식을 위한 성전 방문			2:21-39상	
		동방 박사들의 방문	2:1-12			
		애굽으로 피신	2:13-23			
유월절 주후 7년경 누가복음 2:41 예루살렘		예수님의 어린 시절			2:39하-52	
	제3장 예수님의 사역을 위한 준비	세례 요한	3:1-12	1:2-8	3:1-20	1:19-28
		세례 받으심	3:13-17	1:9-11	3:21-23상	1:29-34
		광야에서 시험받으심	4:1-11	1:12-13	4:1-13	
		초기의 제자들				1:35-51
		가나의 혼인 잔치				2:1-12
유월절 주후 27년경 요한복음 2:13 예루살렘	제4장 이스라엘에 자신을 나타내심	첫 번째 성전 정화				2:13-25
		니고데모와 대화하심				3:1-21
		예수님에 대한 세례 요한의 증거				3:22-36
		사마리아 여인의 회심				4:1-42
	제5장 병 고침으로 확증된 사역	갈릴리의 지리적 환경	4:12	1:14-15	4:14-15	4:43-45
		신하의 아들을 고치심				4:46-54
		나사렛에서 배척받으심			4:16-30	
		가버나움에 가심	4:13-17		4:31상	
		제자들을 모으심				
		몇 명의 어부들	4:18-22	1:16-20	5:1-11	
		세리	9:9-13	2:14-17	5:27-32	
		병 고침과 가르침	8:2-4 8:14-17 9:1-8	1:21-2:13	4:31하-44 5:12-26	
유월절 주후 28년경 요한복음 5:1 예루살렘		안식일에 대한 논쟁들	12:1-21	2:23-3:12	6:1-11	5:1-47
		열두 사도를 택하심	10:2-4	3:13-19상	6:12-16	
	제6장 산상수훈	팔복(八福)	5:1-16		6:17-26	
		율법의 참된 의미	5:17-48		6:27-36	
		행위의 동기와 원리	6:1-8 6:14-7:12		6:37-42	
		훈계와 명령	7:13-8:1		6:43-49	

도표로 본 예수 그리스도의 생애와 사역

권	장	단락	마태복음	마가복음	누가복음	요한복음
II	제1장	백부장의 하인을 고치심	8:5-13		7:1-10	
	예수님의	과부의 아들을 일으키심			7:11-17	
	사역에 대한	세례 요한에게 확신을 더하심	11:2-30		7:18-35	
	반대	죄 많은 여자의 향유 부음			7:36-8:3	
		그릇된 비난을 다루심	12:22-45	3:19하-30		
		가족들이 예수님을 찾음	12:46-50	3:31-35	8:19-21	
		비유로 가르치심	13:1-53	4:1-34	8:4-18	
		광풍을 잔잔케 하심	8:23-27	4:35-41	8:22-25	
	제2장	귀신들린 자를 고치심	8:28-34	5:1-20	8:26-39	
	예수님의	야이로의 딸을 일으키심	9:18-35	5:21-43	8:40-56	
	사역의 확장	나사렛에서의 두 번째 배척	13:54-58	6:1-6		
		열둘을 내보내심	9:36-11:1	6:7-13	9:1-6	
		세례 요한의 죽음	14:1-12	6:14-29	9:7-9	
유월절		오천 명을 먹이심	14:13-21	6:30-44	9:10-17	6:1-13
주후 29년경		물위를 걸으심	14:22-36	6:45-56		6:14-21
요한복음 6:4		생명의 떡에 관한 말씀				6:22-71
예루살렘						
	제3장	외식을 밝혀 보이심	15:1-20	7:1-23		7:1
	바리새인들과의	가나안 여자의 딸을 고치심	15:21-28	7:24-30		
	또 다른	사천 명을 먹이심	15:29-39	7:31-8:10		
	충돌들	바리새인들의 누룩	16:1-12	8:11-21		
		소경을 고치심		8:22-26		
	제4장	베드로의 위대한 고백	16:13-20	8:27-30	9:18-21	
	새로운	죽음과 부활을 예고하심	16:21-28	8:31-9:1	9:22-27	
	방향	예수님의 변형되심	17:1-13	9:2-13	9:28-36	
		귀신들린 아이를 고치심	17:14-21	9:14-29	9:37-43상	
		가버나움에 돌아오심	17:22-23	9:30-32	9:43하-45	
		성전세를 내심	17:24-27			
		예수님의 설교	18:1-35	9:33-50	9:46-50	
		예루살렘 여행	8:18-22 19:1-2	10:1	9:51-62	7:2-10
	제5장	생수에 관한 말씀				7:11-53
	예루살렘에서의	간음한 여자에 대한 자비				8:1-11
	사건들	예수님의 자신에 대한 가르침				8:12-59
		날 때부터 소경 된 자를 고치심				9:1-41
		선한 목자에 관한 말씀				10:1-21
		칠십 명의 새 일꾼들			10:1-24	
		선한 이웃			10:25-37	
		마리아와 마르다를 방문하심			10:38-42	
	제6장	기도에 관한 가르침	6:9-13		11:1-13	
	반대에도	종교 지도자들의 실상을 드러내심			11:14-54	
	불구하고	사람들에게 주신 경고			12:1-13:21	
	계속되는 사역	수전절				10:22-42
		예수님과 바리새인들			13:22-14:24	
		따르는 무리에게 도전을 주심			14:25-35	

도표로 본 예수 그리스도의 생애와 사역

권	장	단락	마태복음	마가복음	누가복음	요한복음
III	제1장	세 가지 비유			15:1-32	
	배척 가운데서의	제자들을 가르치심			16:1-17:10	
	가르침들	나사로를 살리심				11:1-54
		문둥병자들을 깨끗케 하심			17:11-19	
		메시야의 나라			17:20-37	
		기도에 관한 두 가지 비유			18:1-14	
		결혼과 이혼	19:3-12	10:2-12		
		예수님과 아이들	19:13-15	10:13-16	18:15-17	
		부유한 젊은 관원	19:16-20:16	10:17-31	18:18-30	
		야고보와 요한을 꾸짖으심	20:17-28	10:32-45	18:31-34	
	제2장	여리고에서의 사건들				
	승리의	바디매오를 고치심	20:29-34	10:46-52	18:35-43	
	예루살렘 입성	삭개오를 만나심			19:1-10	
		므나의 비유			19:11-28	
		베다니에 도착하심				11:55-12:1
						12:9-11
		승리의 입성	21:1-11,14-17	11:1-11	19:29-44	12:12-19
		상징적인 사건들				
		무화과나무를 저주하심	21:18-19상	11:12-14		
		두 번째 성전 정화	21:12-13	11:15-19	19:45-48	
		헬라인들의 방문				12:20-50
		긴 하루				
		무화과나무가 마름	21:19하-22	11:20-26		
		예수님의 권세에 대한 질문	21:23-27	11:27-33	20:1-8	
		경고로 주신 세 가지 비유	21:28-22:14	12:1-12	20:9-19	
		세 가지 질문	22:15-40	12:13-34	20:20-40	
		예수님의 질문	22:41-46	12:35-37	20:41-44	
	제3장	제자들에게 경계하심	23:1-12	12:38-40	20:45-47	
	계속되는	바리새인들에 대한 통책	23:13-39			
	충돌과 가르침	과부의 두 렙돈		12:41-44	21:1-4	
		감람산에서의 가르침	24:1-25:46	13:1-37	21:5-36	
		십자가 죽음에 대한 예언	26:1-5	14:1-2	22:1-2	
		장례를 위한 기름부음	26:6-13	14:3-9		12:2-8
		유다와 대제사장들의 은밀한 모의	26:14-16	14:10-11	22:3-6	
	제4장	최후의 만찬을 위한 준비	26:17-19	14:12-16	22:7-13	
유월절	제자들에게	유월절을 함께하심	26:20	14:17	22:14-16,24-30	
주후30년경	주신 마지막	제자들의 발을 씻기심				13:1-20
요한복음 13:1	가르침	배반당하실 것을 예고하심	26:21-25	14:18-21	22:21-23	13:21-30
예루살렘		성찬의 제정	26:26-29	14:22-25	22:17-20	13:31-35
		주여, 어디로 가시나이까?	26:30	14:26		13:36-14:31
		열매 맺는 삶에 대한 말씀				15:1-27
		장래 일을 계시하심				16:1-33
		위대한 대제사장으로서의 기도				17:1-26
		베드로의 부인할 것을 예고하심	26:31-35	14:27-31	22:31-38	

도표로 본 예수 그리스도의 생애와 사역

권	장	단락	마태복음	마가복음	누가복음	요한복음
III	제5장 십자가에 못박히심	겟세마네의 고뇌	26:36-46	14:32-42	22:39-46	18:1
		배반당하심	26:47-56	14:43-52	22:47-54상	18:2-12
		유대인의 심문	26:57,59-68	14:53,55-65	22:54,63-71	18:13-14,19-24
			27:1	15:1상		
		베드로의 부인	26:58,69-75	14:54,66-72	22:54하-62	18:15-18,25-27
		유다의 자살	27:3-10 (사도행전 1:18-19)			
		로마인의 심문	27:2,11-31상	15:1하-20상	23:1-25	18:28-19:16상
		십자가에 못박히심	27:31하-56	15:20하-41	23:26-49	19:16하-37
		장사되심	27:57-66	15:42-47	23:50-56	19:38-42
	제6장 예수님의 승리와 지상사명	부활하심과 첫 번째 나타나심	28:1-15	16:1-11	24:1-12	20:1-18
		엠마오 도상에 나타나심		16:12	24:13-33상	
		베드로와 사도들에게 나타나심		16:13-14	24:33하-43	20:19-25
		도마에게 나타나심				20:26-31
		갈릴리 해변에 나타나심				21:1-25
		지상사명	28:16-20	16:15-18		
		지상사명을 일깨우심			24:44-49 (사도행전 1:3-8)	
		승천하심		16:19-20	24:50-53 (사도행전 1:9-12)	

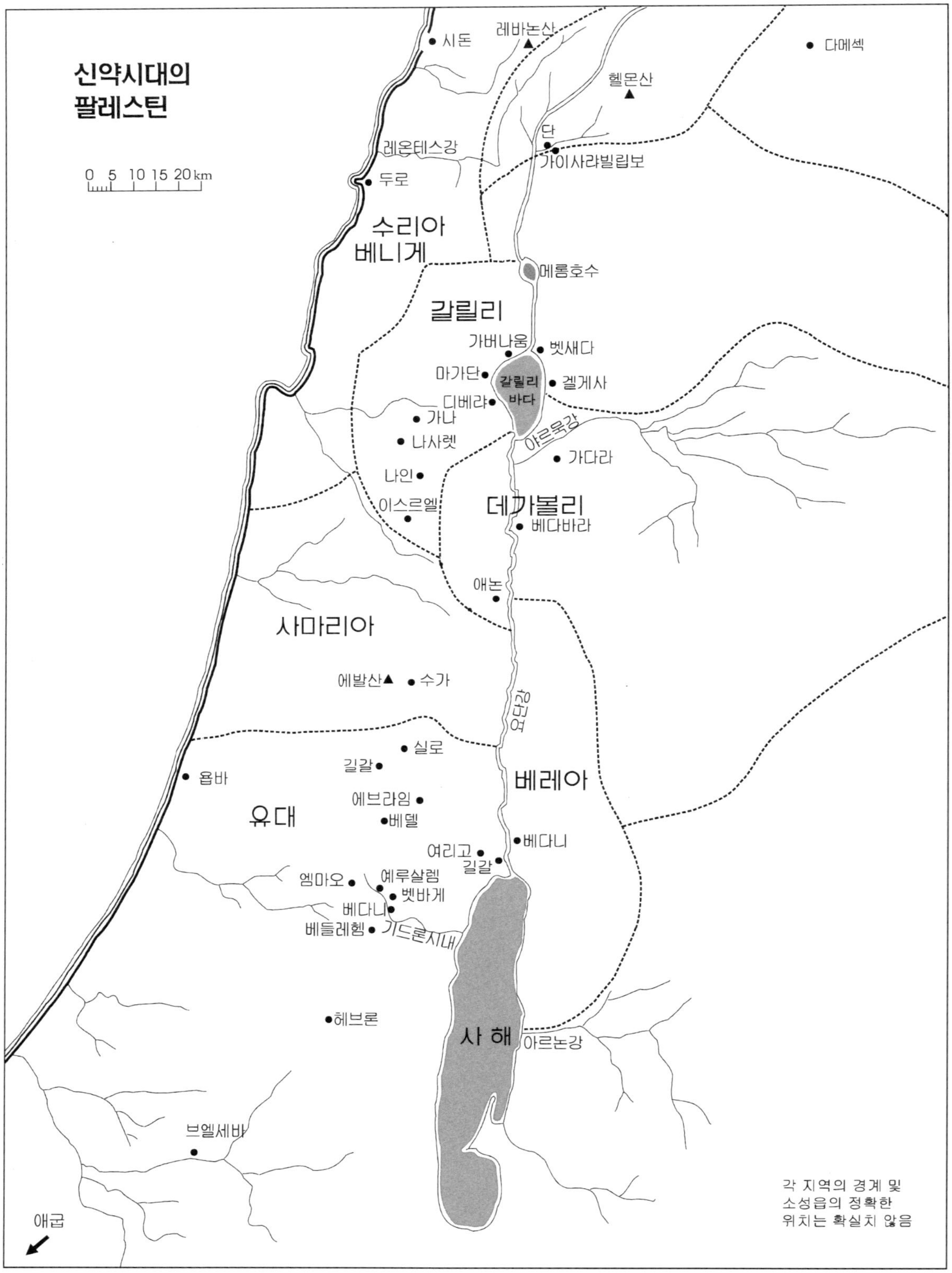
신약시대의
팔레스틴
0 5 10 15 20 km
시돈
레바논산
다메섹
헬몬산
단
가이사랴빌립보
레온테스강
두로
수리아
베니게
메롬호수
갈릴리
가버나움
벳새다
마가단
갈릴리 바다
겔게사
디베랴
가나
나사렛
야르묵강
가다라
나인
이스르엘
데가볼리
베다바라
애논
사마리아
에발산
수가
요단강
실로
길갈
욥바
베레아
에브라임
유대
베델
베다니
여리고
길갈
엠마오
예루살렘
벳바게
베다니
베들레헴
기드론시내
헤브론
사 해
아르논강
브엘세바
애굽
각 지역의 경계 및
소성읍의 정확한
위치는 확실치 않음

안디바드리, 가이사랴
세겜, 다메섹
여리고
욥바
베데스다
연못
감람산
안토니아 요새
양문
아리마대 요셉의
동산과 무덤
골고다
(갈보리)
헤롯 성전
겟세마네 동산
빌라도의
집무실
산헤드린
헤롯의 궁
가야바와
안나스의 집
다락방
기드론 골짜기
실로암못
승천
베다니
1. 성소
2. 제단
3. 니가노르문
4. 여인의 뜰
5. 연보궤
6. 고린디안문(미문?)
7. 유다인과 이방인을 구별하는 벽
8. 이방인의 뜰
9. 왕의 회랑
10. 솔로몬의 행각
11. 금문
12. 남쪽에서 들어가는 지하 입구
힌놈 골짜기
빌라도의 수로
아겔다마
-피밭
주요 간선도로
완전히 사라진 성벽과 건물의
추정 위치
건물들의 위치는
정확하지 않을 수 있음.
그리스도 당시의
예루살렘
0 100 200 300 400m
베들레헴
헤브론, 가사
사해

영생에 이르는 다리

예수 그리스도의 생애와 사역은 예수님께서 이 세상에 오신 목적을 잘 보여 줍니다. 예수님께서는 죄에 빠진 우리를 하나님께로 인도하기 위해 오셨습니다. 아직 예수님을 구주와 주님으로 믿지 않는 사람이 있다면, 가장 먼저 해야 할 일은 예수님을 마음속에 영접함으로 하나님께로 나아가는 것입니다.

다음에 소개하는 예화는 어떻게 예수님을 자신의 구세주와 주님으로 영접하여 하나님께로 나아갈 수 있는지를 잘 설명해 주고 있습니다. 이 예화를 통해서 영생에 이르는 길을 발견하십시오.

하나님께서는 모든 사람을 사랑하시며, 모든 사람이 하나님을 알기를 원하십니다.

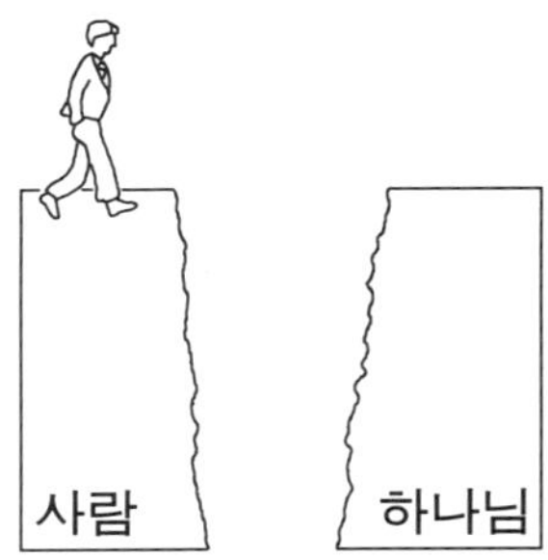

그러나 인간은 하나님으로부터 분리되어 하나님의 사랑을 경험할 수 없게 되었습니다.
"하나님은 저편에 계시고 사람들은 모두 이편에 있습니다"(디모데전서 2:5, 현대어성경).

인간이 하나님으로부터 분리되어 있는 이유는 무엇입니까?

그 이유는 하나님을 거역하여 죄를 지었기 때문입니다.
"오직 너희 죄악이 너희와 너희 하나님 사이를 내었고, 너희 죄가 그 얼굴을 가리워서 너희를 듣지 않으시게 함이니"(이사야 59:2).
"모든 사람이 죄를 범하였으매 하나님의 영광에 이르지 못하더니"(로마서 3:23).

그 결과는 무엇입니까?

오직 사망과 심판이 기다리고 있을 뿐입니다.
"한 번 죽는 것은 사람에게 정하신 것이요, 그 후에는 심판이 있으리니"(히브리서 9:27).
"하나님을 모르는 자들과 우리 주 예수의 복음을 복종치 않는 자들에게 형벌을 주시리니, 이런 자들이 주의 얼굴과 그의 힘의 영광을 떠나 영원한 멸망의 형벌을 받으리로다"(데살로니가후서 1:8-9).

그러나, 여기에 해결책이 있습니다.

예수님께서 우리 죄를 위하여 십자가 위에서 죽으시고 부활하심으로 하나님께로 가는 유일한 다리가 되어 주신 것입니다.
"하나님은 저편에 계시고 사람들은 모두 이편에 있습니다. 그리고 사람의 몸으로 오신 그리스도 예수께서 그 중간에 서서 온 인류를 위해 당신의 생명을 내주심으로써 양편을 연결시켜 주셨습니다"(디모데전서 2:5, 현대어성경).
"그리스도께서도 한 번 죄를 위하여 죽으사 의인으로서 불의한 자를 대신하셨으니 이는 우리를 하나님 앞으로 인도하려 하심이라"(베드로전서 3:18상).

이것은 모든 사람에게 해당됩니까?

그렇습니다. 그러나 오직 예수 그리스도께서 자신의 죄를 위해 죽으시고 부활하신 것을 믿고 예수님을 마음속에 영접하는 사람들만이 이 다리를 건널 수 있습니다.
"영접하는 자 곧 그 이름을 믿는 자들에게는 하나님의 자녀가 되는 권세를 주셨으니"(요한복음 1:12).

각 사람은 그리스도를 영접할 것인지를 스스로 결정해야 합니다.

"볼지어다. 내가 문밖에 서서 두드리노니 누구든지 내 음성을 듣고 문을 열면 내가 그에게로 들어가 그로 더불어 먹고 그는 나로 더불어 먹으리라"(요한계시록 3:20).

예수님을 어떻게 영접할 수 있습니까?

"내 이름으로 무엇이든지 내게 구하면 내가 시행하리라"(요한복음 14:14).

그러므로 당신이 진심으로 다음과 같이 기도한다면 예수님께서는 즉시 시행하실 것입니다.

> 예수님, 제 마음속에 들어오셔서 저의 구주와 주님이 되어 주시옵소서. 저의 죄를 용서해 주시고, 저에게 영생을 선물로 주시옵소서.

만일 당신이 예수 그리스도를 마음속에 모셔 들였다면, 지금 영생을 소유하고 있습니다.

"또 증거는 이것이니 하나님이 우리에게 영생을 주신 것과 이 생명이 그의 아들 안에 있는 그것이니라. 아들이 있는 자에게는 생명이 있고 하나님의 아들이 없는 자에게는 생명이 없느니라"(요한일서 5:11-12).

본 책자는 세 권으로 된
예수 그리스도의 생애와 사역 시리즈 가운데 한 권입니다.
당신이 예수 그리스도의 삶과 하신 일에 대한
완전한 모습을 파악하려면 세 권을 모두 공부해야 합니다.

예수 그리스도의 생애와 사역 제 I 권

개정 1쇄 발행 : 1998년 8월 10일
개정 7쇄 발행 : 2019년 12월 5일

펴낸곳 : 네비게이토 출판사 ©
주소 : 03784 서울시 서대문구 연희로 16 (창천동)
전화 : 334-3305(대표), 334-3037(주문), FAX : 334-3119
홈페이지 : http://navpress.co.kr
출판등록 : 제10-111호(1973년 3월 12일)

ISBN 978-89-375-0020-6 04230
ISBN 978-89-375-0218-7 04230(전3권)